教师专业发展与培训策略研究

刘 权◎著

吉林出版集团股份有限公司
全国百佳图书出版单位

图书在版编目（CIP）数据

教师专业发展与培训策略研究 / 刘权著. -- 长春：
吉林出版集团股份有限公司，2025.4. -- ISBN 978-7
-5731-6369-1

Ⅰ. G451.2

中国国家版本馆CIP数据核字第20255ZV835号

JIAOSHI ZHUANYE FAZHAN YU PEIXUN CELUE YANJIU

教师专业发展与培训策略研究

著　　者	刘　权
责任编辑	冯　雪
装帧设计	清　风

出　　版	吉林出版集团股份有限公司
发　　行	吉林出版集团社科图书有限公司
地　　址	吉林省长春市南关区福祉大路5788号　邮编：130118
印　　刷	长春新华印刷集团有限公司
电　　话	0431-81629711（总编办）
抖 音 号	吉林出版集团社科图书有限公司 37009026326

开　　本	787 mm×1092 mm　1 / 16
印　　张	13.25
字　　数	220 千字
版　　次	2025 年 4 月第 1 版
印　　次	2025 年 4 月第 1 次印刷

书　　号	ISBN 978-7-5731-6369-1
定　　价	58.00 元

如有印装质量问题，请与市场营销中心联系调换。0431-81629729

前　言

在教育的广阔天地中，教师的角色始终占据着举足轻重的地位，他们不仅是知识的传递者，而且是学生心灵的引导者，更是教育改革的推动者和实践者。随着时代的变迁和教育理念的更新，教师专业发展与培训策略的研究显得愈发重要，不仅关乎教师个体的成长与提升，而且与整个教育系统的质量密切相关。

教师专业发展是一个持续不断的过程，它要求教师在职业生涯中不断学习、反思和实践，以适应教育环境的变化和学生需求的多样化。在这个过程中，教师需要不断更新教育观念，提升教学技能，拓宽知识面，培养创新精神和实践能力，而有效的培训策略则是促进教师专业发展的重要途径之一。当前，教育领域正面临着前所未有的挑战和机遇。一方面，信息技术的迅猛发展为教育带来了无限的可能，为教师的专业发展提供了新的平台和工具；另一方面，教育改革的深入推进对教师提出了更高的要求，要求教师具备更强的专业素养和综合能力。在这样的背景下，研究教师专业发展与培训策略不仅具有深远的理论意义，而且具有迫切的现实意义。

本书共分为六个章节，主要以教师专业发展与培训策略为研究基点，第一章深入阐述教师专业发展的理论基础，为后续内容筑牢坚实的理论根基；第二章则聚焦于教师专业发展的需求分析，细致洞察教师群体在专业成长过程中的切实需求；第三章着重探讨基于胜任力的教师培训，通过科学的方法与策略，助力教师提升专业胜任能力；第四章深入探究信息技术在教师专业发展中所发挥的重要作用与应用方式；第五章围绕反思性实践展开，系统阐述其与教师专业成长之间的紧密联系，为教师的持续发展提供新的思路与方法；第六章对教师培训模式与策略进行全面概述，梳理并总结多样化的培训模式与有效的实施策略。

本书的介绍旨在使读者对当代教师专业发展与培训有更加清晰的了解，进一步厘清当前教师专业发展与培训的发展脉络，为教师专业发展提供更加广阔的发展空间。在这一背景下，教师专业发展与培训的理论研究仍然有许多空白有待填补，需要运用现代的先进教育理论、观念和科学方法，在已有的基础上深入地开展研究工作，以适应不断发展的新形势。

刘 权

2024年12月

目 录

第一章 教师专业发展理论基础

第一节 教师专业发展的概念与内涵

一、教师专业发展的概念

（一）教师专业发展

1. 教师专业发展的含义

教师专业发展是指教师作为专业人员，在专业思想、专业知识、专业能力等方面不断发展和完善的过程，即从新手型教师到专家型教师的过程。教师专业发展的内涵主要包括：其一，教师专业成长视教师为拥有无限发展潜力和追求终身学习的个体，强调其成长路径的开放性和动态性。其二，要求教师被视作一个专门的职业群体，即"专业人员"，这意味着教师需具备该领域特定的知识基础、技能标准和职业道德。其三，鼓励教师不仅作为知识的传授者，更要成为积极的学习者、深入的研究者以及有效的合作者，通过不断探究和实践来丰富教学艺术，促进教育创新。其四，教师专业成长特别强调教师自我驱动的发展模式，鼓励教师根据个人兴趣、优势及职业目标，主动规划并实施个人成长计划，从而最大化地发掘并展现个人潜能。

2. 教师专业发展的特点

（1）自主能动性

教师专业发展的进程深刻体现了教师个体的自主能动性。一方面，教师追求个人专业成长的自觉性和主动性构成了其专业发展的基石。在常规情境下，教师会根据自身现有的教学能力和专业知识水平，主动设定专业发展的目标，并围绕这些目标积极寻求提高专业素质的途径。以新入职教师为例，他们普遍对专业发展抱有高度的期望和热忱，展现出强烈的自我发展意愿，并决心将外部影响因素转化为内在的成长动力。另一方面，教师的这种自主意识能够增强其对专业发展的责任感和自信心，促使他们积极且充分地利用各种发展渠道和资源，不断探寻自我提升的机会，以实现专业素质的全面提高。

（2）持续发展性

教师专业发展是在终身学习理念的引领下，教师不断进行反思、持续探索与创新的过程。教师只有发现自身存在的不足并进行修正，不断地取得进步，才能确保自身的知识和能力始终与时俱进，紧跟时代和社会的发展步伐。教育工作的对象具有可变性和发展性，同时，教育任务和责任也日益复杂化，这些因素共同决定了教师必须不断拓展其专业领域。而作为一个处于不断发展中的个体，教师在学习型社会和终身学习思想的指引下，应当制订个人的终身发展规划。此外，在持续的专业发展过程中，教师还需根据自身所处的职业生涯阶段，选择和确定符合自身实际情况的专业发展目标，并制订相应的计划，有针对性地推进专业发展。

（3）多元复杂性

教师职业与教师素质结构的复杂性决定了教师专业发展是一个多元化且复杂的进程，在这一进程中，教师自身在由多种组织和层次构成的专业发展领域中不断发生变化。以教育教学工作为例，教学活动不仅仅是文化、知识和技能的传授，更涉及师生之间的情感交流，是教师专业发展的核心内容。教学活动包括组织教学活动、创设学习情境、观察与训练学生、评价学生学习成果等多种形式。因此，教师专业发展不仅要关注教育知识和技能层面的提升，而且要兼顾情感、价值观念、道德素养等多个方面的成长。

3. 教师专业发展的原则

（1）连续统合原则

教师专业成长被置于一个更为宏观和整体的专业发展框架之中，这一连续性的过程旨在统合教师专业发展的长远规划，实现职前与职后教育资源的有效整合，从而打破专业素质结构间的割裂状态，确保教师在其整个职业生涯中都能获得连贯且一致的专业发展支持与政策引导。此原则促使教师能够"持续精进，追求并实现各项素质、行为表现、工作绩效及成果的高标准与理想状态"。为此，教育部门制定并实施了一系列与教师专业发展紧密相关的政策制度。这些制度不仅激发了教师自我调控、自我导向及自我成长的内在动力，而且赋予了了教师持续发展的能力基础。

（2）持续发展原则

从教师角色转换的视角审视，教师专业发展涵盖了职前教育、新教师适应期、职后持续成长等多个阶段。尽管每个阶段都有其独特的发展需求与内容，但教师的专业情感、技术、知识、能力等要素构成了一个有机的整体。职后教师的专业发展建立在个人自觉、主动接受在职教育、能力更新的基础之上，通常被称为"在职进修与训练"。然而，"进修"与"训练"的表述往往侧重"弥补不足"，这在一定程度上限制了"教师专业发展"的丰富内涵与广阔外延。因此，必须深刻认识到，教师专业发展实际上蕴含着每位教师在其职业生涯中均须实现持续、全面发展的核心理念。

（3）系统整合原则

为实现教师专业发展的总体目标，在其职业生涯的各个阶段，需要构建一个相互衔接、各有侧重的一体化教师教育体系。这一体系将各类有利于教师专业发展的教育机构与平台紧密相连，并对教师参与的职前师范类教育、非师范类教育、职后进修进行全面规划与协调，旨在为已入行或即将入行的教师提供多元化、系统化的教育机会与资源。因此，教师专业发展要求构建一个涵盖职前教育与在职培训的系统化教师教育体系，以确保教师在不同的发展阶段都能获得有针对性的支持与指导。

（二）教师专业化

教师专业化是现代教育发展的必然趋势，指的是教师在专业思想、专业知识、专业能力等方面不断发展和完善，以适应教育工作的需要。教师专业化不仅要求教师具备扎实的学科知识和教育理论知识，而且要求教师具备熟练的教育教学技能和良好的职业道德。实现教师专业化，对丁提高教师素质、提升教育质量具有重要意义。首先，教师专业化有助于提高教师的教育教学能力，使他们能够更好地理解和把握教育教学规律，提升教学效果。其次，教师专业化有助于增强教师的职业认同感和荣誉感，激发他们的工作热情和创新精神。最后，教师专业化有助于提升教师的社会地位，使社会更加认可和尊重教师职业。为了推进教师专业化进程，需要加强教师的职前培养和在职培训，提高他们的专业素养和教育教学能力。同时，还需要建立健全的教师评价机制和激励机制，鼓励教师不断学习和进步，促进他们的专业发展。

二、教师专业发展的意义

（一）提升教育教学质量

教师专业发展对于教育教学质量的提升具有显著作用，通过深入的专业学习和实践，教师能够更全面地掌握学科知识，更透彻地理解学科本质，从而在教学中能够游刃有余地引导学生探索知识的奥秘。同时，对教育规律的准确把握，使教师能够根据学生的实际情况和认知特点，制订更为科学、合理的教学计划，采用更为有效的教学方法和手段。在课堂教学中，教师通过专业发展能够更加注重学生的主体地位，激发学生的学习兴趣和动力，引导学生主动参与、积极思考。他们善于创设生动、有趣的教学情境，让学生在轻松愉快的氛围中掌握知识、提高能力。同时，教师还能够根据学生的反馈及时调整教学策略，确保教学的针对性和实效性。此外，教师专业发展还有助于教师更好地组织学生活动，让学生在实践中巩固知识、提升技能。教师能够设计具有挑战性和创新性的实践活动，引导学生在实践中发现问题、解决问题，从而培养学生的实践能力和创新精神。

（二）促进学生全面发展

教师专业素养和教育教学能力的提高，对学生的全面发展具有深远的影响，教师通过专业发展，能够更好地理解和关注学生的多样化需求，从而提供更加个性化、更具针对性的教育服务，这不仅有助于学生在知识层面上的提升，而且能够触及学生的心灵深处，引导他们形成积极向上的人生态度和正确的价值观念。在教育教学过程中，具备高度专业素养的教师能够更准确地把握学生的成长规律和发展特点，为学生提供更为丰富、多元的学习资源和成长平台。他们善于发掘学生的潜能和特长，鼓励学生勇于尝试、敢于创新，让学生在不断探索中实现自我超越。同时，教师的专业素养也对学生的社会责任感、公民意识等产生潜移默化的影响。教师通过自身的言行示范，传递着积极向上的社会价值观和道德标准，引导学生在成长过程中逐步树立正确的世界观、人生观和价值观。

（三）推动教育改革和创新

教师是站在教育前沿的实践者，他们的专业发展对于推动教育改革和创新具有举足轻重的作用。通过持续的专业学习和实践，教师能够不断更新教育观念，掌握最新的教育理论和教学技术，从而具备更强的改革意识和创新能力。他们勇于挑战传统的教育模式和方法，积极探索适应时代发展需求的新路径。在教育改革的进程中，具备专业素养的教师能够成为改革的引领者和实践者。他们不仅能够深入理解改革的理念和目标，而且能够根据自身的实践经验，为改革提供有益的反馈和建议，确保改革措施更加贴近实际、更具可操作性。同时，他们还能够积极参与课程开发、教学资源整合等工作，推动教育内容和形式的持续创新。此外，教师的专业发展也有助于提高教师队伍的整体素质。当教师个体都具备较高的专业素养和创新能力时，整个教师队伍就会焕发出强大的活力和创造力，为教育改革提供有力的人才支撑。

（四）提升教师职业地位和幸福感

随着教育事业的不断发展，社会对教师职业的要求也在不断提高。只有具备专业素养和教育教学能力的教师，才能赢得社会的认可和尊重。通过专业发展，教师能够不断提升自己的教育教学水平，提高教育科研能力，从而在教学和科研领域取得更多的成果与突破。这些成果与突破不仅能够为教师带来职业上的成就感和满足感，而且能够提升教师的社会地位和影响力。同时，专业发展还能够让教师更加深入地了解教育工作的价值和意义，增强教师的职业认同感和荣誉感。此外，教师专业发展还有助于教师更好地应对职业生涯中的挑战和压力。教育教学工作是一项充满挑战和压力的工作，只有具备专业素养和教育教学能力的教师，才能更好地应对这些挑战和压力，保持积极的工作态度和情绪状态。这种积极的工作态度和情绪状态不仅能够让教师更加享受工作的乐趣与成就感，而且能够增强他们的工作满意度和幸福感。

三、教师专业发展的取向

（一）学术取向

学术取向的教师专业发展，其核心在于深化与拓展教师的学科知识和教育理论知识，该取向的教师不仅满足于日常教学的知识需求，而且追求在学术层面上的精进与突破。他们通过系统的学习和研究，不断探索学科的深层次结构和内在逻辑，力求对学科知识有更为全面、深入的理解。同时，他们也关注教育理论的发展动态，积极学习最新的教育理念和教学方法，以不断更新自身的教育教学观念。在学术取向的引领下，教师会积极参与各种学术研究活动，如学术研讨会、课题研究等，与同行进行深入的交流和探讨。他们关注学科前沿动态，对新兴的教育理论和教学方法保持敏锐的洞察力，以期能够将这些新的学术成果运用到实际教学中，提升教学质量。此外，他们还会通过撰写学术论文、参与课题研究等方式，将自己的教学实践和学术研究相结合，形成具有独特见解和实践价值的研究成果。

（二）实践取向

实践取向的教师专业发展，着重强调教师在实际教育教学过程中的能力提高和经验积累。这一取向认为，教师的专业素养并非凭空而来，而是需要通过实践中的不断尝试、反思和改进来逐步形成与提升。因此，积极参与教育教学实践，关注并解决实际问题，成为实践取向教师专业发展的核心要义。在实践取向的指引下，教师会全身心地投入教育教学工作中，以实际问题的解决为出发点和落脚点。他们通过行动研究、案例分析等方式，深入剖析教育教学过程中的问题和挑战，寻求有效的解决方案。同时，他们也注重与同行、学生、家长的沟通和合作，共同探索更为适宜的教育教学方法和策略。实践取向的教师专业发展，不仅要求教师在实践中不断锤炼自己的教学技能，而且要求他们具备勇于创新、敢于尝试的精神。在面对新的教育理念和教学方法时，教师能够以开放的心态去接纳和尝试，通过实践来检验其可行性和有效性。

（三）技术取向

在信息化时代，教育技术的运用已成为提升教学质量、优化学习体验的重要手段，因此，这一取向强调教师必须紧跟时代步伐，通过持续的学习和实践，熟练掌握并灵活运用各种现代教育技术工具和方法。具体而言，技术取向的教师会积极探索多媒体教学、网络教学等新型教学模式，运用丰富的数字资源和交互工具，创设生动、有趣的学习环境，以激发学生的学习兴趣和积极性。同时，他们还会关注人工智能等前沿技术在教育领域的应用，尝试将其融入日常教学中，以辅助个性化教学、智能评估等工作的开展，从而进一步提升教学效果。此外，技术取向的教师专业发展还注重教师的技术创新能力。教师不仅需要掌握现有的教育技术，而且需要具备根据教学需求进行技术创新和改进的能力。通过不断的技术探索和创新实践，教师能够更好地将技术与教育教学相结合，推动教育的现代化进程。

（四）人文取向

人文取向的教师专业发展更加关注教师的人文素养和教育情怀的培育。该取向认为，教师的角色不仅仅是知识的传授者，更是学生精神成长的引领者和塑造者。因此，提高教师的人文素养、深化其教育情怀，对于促进学生的全面发展具有重要意义。在人文取向的指引下，教师会注重通过阅读经典文学作品、参与文化交流活动等方式，丰富自身的人文知识储备，提升对多元文化的理解和尊重。同时，他们还会关注教育的人文价值，致力于在教育教学中传递正能量、弘扬真善美，以培养学生的健全人格和良好品德。此外，人文取向的教师专业发展还强调教师的教育理念更新和职业道德提升。教师需要不断反思自身的教育理念，确保其与时俱进、符合学生的发展需求；同时，他们也需要恪守职业道德规范，以高尚的师德风范为学生树立榜样。

四、教师专业发展的内容

（一）教师专业素质

教师专业发展是一个动态过程，涉及教师专业素质结构的持续更新与完善，这些专业素质包括教育观念、专业情操、知识、能力、态度与动机等，是教师从事教育活动的核心要素，体现了其专业性和发展水平。教师的这些素质主要来源于理论教育和实践教育，并直接作用于教育过程。在现代教育变革背景下，教育形态与模式发生显著变化，如基础教育新课程改革的实施，对教师的专业素质提出了新要求。教师需要重新理解教育、课程和学生，重新设计教学，以应对这些变革带来的挑战。正如课程改革专家富兰所言，教育变革的成败取决于教师的思考和行动。从教师专业素质结构来看，各项专业品质均代表特定的专业领域，需有针对性地应对新要求。因此，新时代教师应抓住教育变革的机遇，提升对专业发展的认识，提高学习能力和专业素质。

（二）教师专业素质结构

1. 教育观念

教育观念是教师对于教育和教学本质、目的和方法的根本看法与理解，深刻影响着教师的教学行为和学生的学习效果。在新时代背景下，教师的教育观念尤为重要，因为它不仅是教学活动的指导思想，而且是推动教育创新和改革的关键因素。以学生为中心的教育观，正是新时代教师应有的核心理念。这种观念强调，教育不仅仅是知识的传授，更是对学生全面发展、个性培养和潜能挖掘的过程。因此，教师需要关注学生的主体性和创造性，鼓励他们积极参与课堂活动，发表自己的观点，培养批判性思维和创新精神。同时，教师还应注重培养学生的核心素养，如沟通能力、团队协作能力、问题解决能力等，这些能力是学生未来生活和职业发展的关键。

2. 专业情操

专业情操是教师职业精神的重要体现，涵盖了教师对教育事业的热爱、执着和敬业精神。教师的职业认同感是他们对自己所从事职业的价值和意义的认可与接受，这种认同感能够激发教师的工作热情和动力，使他们更加专注于教育教学工作。同时，教师的责任感和使命感也是专业情操的重要组成部分。他们深知自己肩负着培养下一代的重任，因此会全身心地投入教育教学中，为学生的成长和发展贡献自己的力量。这种高尚的专业情操不仅能够提升教师的教学质量，而且能够对学生产生积极的影响，激发他们的学习热情和进取心。

3. 专业知识

专业知识是教师从事教育教学工作的基石，涵盖了学科专业知识、教育理论知识和实践性知识等多个方面。学科专业知识是教师掌握所教学科的基本概念、原理和方法的基础，只有深入理解和掌握这些知识，教师才能准确地向学生传授知识，解答学生的疑惑。教育理论知识是教师不可或缺的专业知识之一，能够帮助教师更好地理解教育现象，把握教学规律，从而更加科学地设计教学方案和实施教学活动。实践性知识是教师专业知识的重要组成部分，它来源于教师的实践经验，是教师解决实际教学问题的重要依据。因此，教师需要不断更新和丰富自己的专业知识体系，通过参加培训、阅读专业书籍、与同行交流等方式，不断提高自己的专业素养，以适应教育变革和发展的需要。

4．专业能力

对于教师而言，专业能力是实现教育教学目标的基石，其中，教学设计能力尤为关键，它要求教师能够根据学生的实际情况和课程标准，制订出科学合理的教学方案。这不仅需要教师对教学内容有深入的理解，而且需要他们具备创新性的思维，以设计出能够激发学生兴趣、提高学生能力的教学活动。教学实施能力是将教学设计转化为实际教学效果的关键，它需要教师具备良好的课堂管理能力、语言表达能力和教学技巧，以确保教学活动的顺利进行。教学评价能力是教师专业能力中不可或缺的一部分，它要求教师能够客观、全面地评价学生的学习成果，为后续的教学提供有力的反馈。除此之外，教育科研能力也是新时代教师应具备的重要能力，通过参与教育科研活动，教师可以不断提高自己的专业素养，推动教育教学的创新和发展。因此，教师应通过不断的学习和实践，全面提升自己的专业能力水平，以更好地服务于学生的成长和发展。

5．专业态度与动机

一个具备积极专业态度的教师，会全身心地投入教育教学工作中，尽职尽责地完成教学任务，关心每一名学生的成长和发展。同时，他们还会以开放的心态接受新的教育理念和教学方法，勇于尝试和创新，不断提升自己的教学水平。强烈的职业发展动机能够激发教师不断追求自我突破和超越，将教育教学工作视为一项长期的事业来经营。具备这种动机的教师会主动寻求各种学习和发展机会，以提高自己的专业素养和教育教学能力。因此，专业态度与动机对于教师的专业发展至关重要，不仅影响着教师的工作状态和教学效果，而且关系到整个教育事业的健康发展和进步。

第二节　教师专业发展阶段理论

一、休伯曼的"七个时期"理论

（一）理论概述与背景

1. 休伯曼理论的发展历程

休伯曼的教师职业周期理论是教育心理学领域的一项重要成果，其发展历程深刻反映了教师专业成长研究的演进。该理论在继承前人研究的基础上，通过系统的实证研究和理论构建，为教师职业发展提供了全新的视角。休伯曼将教师职业周期划分为七个时期，这一划分不仅细化了教师成长的阶段，而且揭示了每一阶段教师面临的不同挑战和发展需求。这一理论的提出为教育管理者和政策制定者提供了有力的参考，促进了教师教育的针对性和实效性，从而推动了整个教师队伍的专业化进程。

2. "七个时期"划分依据及意义

休伯曼的"七个时期"划分依据主要来源于对教师职业生涯长期而深入的观察与研究，其通过对教师在不同职业阶段所表现出的心理特征、行为模式、发展需求进行细致分析，总结出了这一具有普遍意义的职业周期模型。这一划分不仅体现了教师职业发展的连续性和阶段性，而且凸显了每一阶段独特的价值和意义。从意义层面来看，这一划分有助于人们更全面地理解教师的职业发展过程。它揭示了教师在不同职业阶段所面临的不同挑战和困境，以及他们为应对这些挑战所采取的不同策略和方法。同时，这一理论也为教师的自我认知和自我规划提供了重要参考，帮助他们更清晰地认识自己所处的职业阶段及未来的发展方向。此外，对于教育管理者和政策制定者而言，这一理论同样具有重要的指导意义，有助于他们制定更加科学、合理的教师教育政策和措施，以支持教师的持续成长和发展。

（二）各时期特点详解

1. 入职期教师的特征与挑战

入职期是教师职业生涯的起始阶段，这一时期的教师通常怀揣着对教育事业的热情和憧憬，但同时也面临着诸多挑战。他们往往缺乏实际教学经验，需要在教学实践中不断摸索和学习。此外，入职期教师还需要适应学校的工作环境、与同事和学生建立良好的关系，以及应对各种教学和管理上的压力。这些挑战对于入职期教师而言是巨大的，也是他们成长和进步的契机。通过不断的学习和实践，入职期教师可以逐渐掌握教学技能，形成自己的教学风格，为后续的职业发展奠定坚实的基础。

2. 稳定期教师的成长与巩固

稳定期是教师职业生涯中相对平稳的一个阶段。在这一时期，教师已经历了入职期的种种挑战，逐渐适应了学校的工作环境和教学要求。他们的教学技能得到了进一步的提升和巩固，能够更加自如地应对各种教学场景和问题。同时，教师也开始形成自己的教育理念和教学风格，并在教学实践中不断探索和完善。这一阶段对于教师的成长和发展至关重要，它不仅是教师专业技能提升的关键时期，而且是教师教育理念形成和深化的重要阶段。

3. 实验和歧变期的探索与创新

实验和歧变期是教师职业生涯中充满变革和探索的一个时期。在这一时期，教师已经积累了丰富的教学经验，开始质疑传统的教学方法和理念，并尝试进行创新和改革。他们勇于尝试新的教学方法和手段，不断探索更加有效的教学模式，以期提升教学效果和质量。同时，这一时期的教师也面临着诸多挑战和风险，如创新实践的不确定性、来自同行的压力和质疑等。但正是这些挑战和风险，激发了教师不断探索和创新的动力，推动了他们职业生涯的持续发展。

4. 重新估价期的反思与调整

重新估价期是教师职业生涯中一个重要的反思和调整时期。在这一时期，教师会对自己的职业生涯进行全面的回顾和总结，重新评估自己的教育理念、教学方法和职业目标。他们开始深入思考自己的教学实践是否真正符合学生的需求和时代的发展，是否需要进行调整和改进。同时，这一时期的教师也会积极寻求新的学习和发展机会，以提高自己的专业素养和综合能力。通过反思和调整，教师能够更加清晰地认识自己的职业定位和发展方向，为后续的职业发展注入新的活力和动力。这一时期的反思与调整对于教师的专业成长和持续发展具有深远的意义，其不仅有助于教师发现自身存在的问题和不足，而且能激发教师不断追求卓越、实现自我超越的决心和勇气。

5. 平静和关系疏远期的职业心态

在平静和关系疏远期，教师可能已经进入职业生涯的中后期，这一时期常伴随着职业心态的显著变化。经过多年的教学实践，教师对自己的教学方法和风格已经形成了固定的模式，工作环境和人际关系也变得相对稳定。然而，这种稳定有时会导致教师产生职业倦怠感，对于新的教学理念和技术的接受度降低，与同事和学生之间的关系也可能逐渐疏远。在这一时期，教师需要调整自己的职业心态，积极寻求新的教学挑战和学习机会，以避免陷入职业停滞期。同时，保持良好的人际交往能力，加强与同事和学生的沟通与互动，有助于缓解职业倦怠感，重新点燃对教育的热情。

6. 保守和抱怨期的挑战与应对

保守和抱怨期是教师职业生涯中可能出现的一个较为困难的时期。在这一时期，教师可能会因为长期的工作压力、职业倦怠或个人发展受限而产生保守和抱怨的心态。他们可能对教育改革和新教学理念产生抵触情绪，对工作环境和同事关系感到不满。为了应对这一时期的挑战，教师需要积极进行自我调适，寻找新的职业增长点。这包括参加专业培训、拓展教学领域、尝试新的教学方法等。同时，保持开放和积极的心态，与同事和学校管理层建立良好的沟通机制，共同寻找解决问题的途径，也是克服这一时期困难的关键。

7. 退休期的准备与过渡

退休期是教师职业生涯的最后一个时期，也是一个重要的过渡时期。在这一时期，教师需要作好充分的退休准备，包括财务规划、生活方式的调整、心理适应等方面。同时，学校和教育部门也应该为退休教师提供必要的支持与关怀，帮助他们顺利过渡到退休生活。对于教师个人而言，保持积极的心态和良好的生活习惯是至关重要的。此外，退休并不意味着结束教育事业，许多教师在退休后仍然可以通过参与教育咨询、志愿服务、教育培训等方式继续发挥余热，为教育事业贡献自己的力量。因此，在退休期的准备与过渡中，教师需要综合考虑个人兴趣、能力和社会需求，制订合适的退休计划，以实现职业生涯的完美收官。

二、教师教育关注度的"五个阶段"

（一）理论框架与核心观点

1. 教育关注度理论的提出与发展

教育关注度理论是在教师专业发展研究领域内，针对教师在不同职业阶段所关注焦点的变化而提出的重要理论。该理论起源于对教师成长过程的深入观察与分析，旨在揭示教师在职业生涯中关注点的转移及其对教学实践和专业发展的影响。随着研究的深入，教育关注度理论逐渐形成了完整的框架体系，并为教师教育提供有力的理论支撑和实践指导。在教育改革的背景下，教育关注度理论得到了进一步的丰富和发展。学者们通过对不同阶段教师的关注焦点进行实证研究，验证了该理论的实践价值，并为其提供了更加坚实的证据基础；同时，该理论也逐渐被应用于教师教育实践中，成为指导教师专业发展的重要工具之一。

2. "五个阶段"的划分及内涵

教育关注度理论将教师的职业生涯划分为五个阶段，每个阶段都有其特定的关注焦点和发展任务。这五个阶段分别是非关注阶段、虚拟关注阶段、生存关注阶段、任务关注阶段和自我更新关注阶段。非关注阶段主要是指教师在接受正式教师教育之前的阶段，此时他们尚未形成明确的教育意识和职业观念，关注点主要集中在个人生活和学习方面。虚拟关注阶段是教师开始接触并学习教育理论及技能的阶段，此时他们虽然对教育有了一定的认识，但是关注点仍然停留在理论层面，缺乏实践经验。生存关注阶段是教师初入职场、面临角色转换和适应环境的阶段，他们的关注点主要集中在如何生存下来、获得他人的认可等方面。任务关注阶段是教师在度过了初任期之后，开始将关注点转向教学任务和学生的学习成果，此时他们更加关注自己的教学能力和效果。自我更新关注阶段是教师已经具备了丰富的教育经验和专业素养，开始寻求自我突破和创新的阶段，他们的关注点主要集中在如何持续更新自己的教育理念和教学方法，以适应不断变化的教育环境和学生需求。

（二）各阶段教师关注度分析

1. 教学前关注：预备教师的焦点与挑战

在教学前关注阶段，预备教师的注意力主要集中在为即将到来的教学生涯做好充分准备上。理论知识和教学技能是构建教育大厦的基石，因此，在这一阶段，他们致力于深入探究教育学的奥秘，熟练掌握各种教学方法和策略。同时，他们也对未来的教学实践充满期待，渴望将所学知识和技能应用于实际教学中。然而，挑战与机遇并存。预备教师面临着如何将抽象的理论知识与具体的教学实践相结合的问题，这需要他们具备高度的转化能力和实践智慧。此外，如何培养对教育事业的初步认识和热情，也是他们需要认真思考的问题。为了解决这些挑战，预备教师需要积极参与教育实习，通过亲身体验教学实践，逐步建立起对教育事业的热爱和责任感。

2. 早期生存关注：新手教师的适应与成长

早期生存关注阶段对于新手教师而言，是一个充满挑战与机遇的重要时期。在这一阶段，他们刚刚踏入教育领域，面临着从学生到教师的角色转变。为了适应新的工作环境，新手教师需要快速融入学校文化，与同事和学生建立起良好的关系。同时，承担起教学责任也是教师在这一阶段的重要任务。新手教师的关注点主要集中在课堂管理、教学技能的运用、学生评价等方面。这些方面的表现将直接影响他们的职业生存和发展。因此，他们努力寻求各种机会来提高自己的教学能力，以期获得同事和学生的认可。在这一过程中，挑战与成长并存。新手教师需要在实践中不断摸索，逐步适应并掌握教育的规律和方法。通过不断的学习和实践，他们将逐渐成长为合格的教育工作者，为教育事业的发展贡献自己的力量。

3. 教学情境关注：成熟教师的教学重心

在教学情境关注阶段，成熟教师已经累积了丰富的教学经验，能够游刃有余地驾驭课堂教学。他们对多样化的教学情境有深刻的理解，并能灵活应用各种教学策略以应对不同情境。此时，成熟教师的教学重心聚焦于如何根据具体的教学环境调整和完善自己的教学方法，从而最大限度地提升教学效果。他们不仅关注课程内容的精心设计与实施，而且致力于教学方法的持续创新，以激发学生的学习兴趣和潜能。同时，他们对学生的学习成果保持高度关注，将其作为衡量教学成效的重要标准。然而，这一阶段的挑战也显而易见：如何在日复一日的教学工作中保持教学的活力和创新性，避免陷入机械化的教学惯性，成为成熟教师需要不断思考的问题。

4. 关注学生：经验丰富教师的教育理念转变

在关注学生阶段，经验丰富教师的教育理念经历了深刻的变革，他们逐渐认识到，学生才是教学活动的核心，所有的教学设计和实施都应以学生为中心展开。因此，他们开始更加关注学生的个体差异、多样化的学习需求、巨大的发展潜力。在这一阶段，教师致力于营造一个包容性强且充满激励的学习环境，旨在激发学生的学习兴趣，调动他们的学习积极性。同时，他们不仅关注学生的知识掌握情况，而且更加重视学生的情感培养、态度塑造、价值观的形成。他们努力成为学生成长道路上的引路人，为学生提供全方位的支持和引导。然而，要真正实现个性化教育，深入了解每一名学生，为他们量身打造合适的教育方案，无疑是一项巨大的挑战。

5. 自我更新关注：资深教师的持续发展与创新

自我更新关注阶段是资深教师职业生涯的高点。在这一阶段，他们已经具备了深厚的教育专业素养和丰富的教学经验，开始将关注点转向自身的持续发展和创新。资深教师致力于探索新的教育理念、教学方法和技术手段，以推动教育实践的进步。他们关注教育前沿动态，积极参与教育研究和学术交流活动，以保持专业领先地位并持续为教育事业贡献力量。这一阶段的挑战在于如何保持终身学习的态度和创新精神，在职业生涯的后期继续发光发热。资深教师需要具备开阔的视野和勇于尝试的勇气，以不断突破自我并实现教育事业的持续发展与创新。

三、伯利勒"新手型—专家型"理论

（一）理论背景与基本概念

1. 伯利勒理论的起源与发展

伯利勒理论，也被称为教师职业发展阶段理论，起源于对教师专业成长过程的深入研究。该理论主要探讨了教师在其职业生涯中的不同阶段所经历的变化和挑战，以及如何应对这些挑战，实现自我提升。伯利勒理论的起源可以追溯到20世纪中期，随着教育心理学和教师教育研究的深入，这一理论逐渐得到发展和完善。伯利勒认为，教师的职业发展是一个连续的过程，可以分为不同的阶段，每个阶段都有其特定的特征和需求。通过对这些阶段的深入理解和分析，教师可以更好地规划自己的职业发展路径，提升教学效果，实现自我价值。伯利勒理论为教师教育和职业发展提供了重要的理论依据与实践指导，对于提高教师队伍整体素质具有重要意义。

2. 新手型教师与专家型教师的定义与特征

新手型教师和专家型教师是两种截然不同的教师类型，它们在教师职业生涯中分别代表了初入行业和资深专业的两个极端。新手型教师通常指的是那些刚刚踏入教育领域、缺乏教学经验的教师，他们往往还在努力适应教学环境，掌握教学技巧，并试图将自己的知识有效地传授给学生。新手型教师的特征包括对教学内容和方法不熟悉，对学生需求的感知能力相对较弱，以及在教学管理和课堂控制方面可能遇到困难。相比之下，专家型教师是指那些在教育领域具有丰富经验、高度专业技能和深厚教育知识的教师。他们通常具有出色的教学能力，能够轻松驾驭各种教学情境，并对学生产生深远影响。专家型教师的特征包括对教学内容的深刻理解、对学生需求的敏锐洞察，以及出色的教学管理和课堂控制能力。

（二）新手型教师与专家型教师的差异分析

1. 知识结构与实践经验的对比

新手型教师与专家型教师在知识结构方面存在显著差异。新手型教师往往刚从学校毕业，他们的知识结构主要围绕所教学科的基础知识构建，相对单一且缺乏深度。由于尚未充分融入实际教学环境，新手型教师对学生需求、教学实践中的复杂情境了解有限。相较之下，专家型教师经过长期的教学实践，积累了丰富的经验，其知识结构不仅涵盖了深厚的学科知识，而且广泛涉及教育学、心理学、教学法等多个相关领域。这种跨学科的综合知识使他们能够更全面地理解教学过程，更有效地应对各种教学挑战。在实践经验方面，新手型教师通常缺乏足够的历练，对课堂管理、学生互动等实践环节可能感到力不从心。专家型教师则凭借多年的教学经验，积累了大量实践智慧。他们能够根据实际教学情况灵活调整教学策略，轻松驾驭各种教学场景，从而为学生提供更加优质、个性化的教育服务。

2. 教学策略与问题解决能力的差异

在教学策略的运用上，新手型教师往往倾向于依赖传统的教学方法，如直接讲授和问答互动，对于创新性的教学手段可能持保守态度。这种教学策略的局限性在一定程度上限制了他们教学效果的提升。当面对复杂多变的教学问题时，新手型教师可能因缺乏应对策略而显得捉襟见肘，难以迅速有效地解决问题。相反，专家型教师在教学策略的选择上显得更为灵活和多样。他们不仅能够熟练运用启发式教学、情境教学等先进教学方法来激发学生的学习兴趣，而且能够根据具体的教学情境和学生需求进行策略调整，以达到最佳的教学效果。在问题解决能力方面，专家型教师凭借丰富的经验和敏锐的洞察力，能够迅速准确地识别出教学中的关键问题，并采取针对性的措施加以解决。

3. 教育理念与专业发展的路径选择

在教育理念上，新手型教师可能尚未形成明确且系统的观念，或者他们的教育理念仍停留在传统的知识传授和应试准备层面。这种相对保守的教育理念可能在一定程度上制约了他们的教学创新和学生发展。与此同时，专家型教师通常秉持着更为先进和全面的教育理念。他们强调学生的全面发展、自主学习能力的培养、创新精神的激发，致力于为学生提供更加宽广和深入的学习体验。在专业发展路径的选择上，新手型教师可能更倾向于依赖外部的培训和指导来提高自己的专业素养。然而，专家型教师更加注重自我反思和持续学习的力量。他们通过深入的教学实践研究、广泛的学术交流、不断的自我挑战来拓宽专业视野和提高教学能力。此外，专家型教师积极参与教育改革和学术研究活动，以推动整个教育领域的创新和发展。

（三）从新手到专家的成长路径与支持策略

1. 教师专业发展的连续性与阶段性

教师专业发展是一个既连续又分阶段的过程。连续性体现在教师整个职业生涯中不断学习、实践和反思的循环往复，这是一个知识技能持续积累、教育理念不断更新、教学能力逐步提高的过程。阶段性表现为教师在不同职业发展阶段所面临的特定挑战和成长重点。例如，新手型教师阶段主要关注教学技能的掌握和课堂管理的有效性，随着经验的积累，逐渐过渡到关注学生个体差异、创新教学方法等更高层次的发展目标。因此，理解和把握教师专业发展的连续性与阶段性，有助于为教师提供更具针对性的成长支持策略。

2. 促进新手型教师向专家型教师转变的关键因素与措施

促进新手型教师向专家型教师转变的关键因素包括内在动力、实践机会和外部支持。内在动力源于教师对教育事业的热爱和对专业成长的追求，这是推动他们不断学习和进步的根本力量。实践机会是教师将理论知识转化为实践智慧的重要途径，通过参与多样化的教学活动和面对真实的教学问题，教师能够积累丰富的实践经验，并逐步提高问题解决能力。外部支持包括学校提供的培训资源、导师的引导、同行间的交流互助等，这些支持能够帮助新手型教师突破成长瓶颈，加速向专家型教师的转变。为了促进这一转变，可以采取以下措施：一是建立激励机制，鼓励教师积极参与专业发展和教学研究活动；二是提供丰富的实践平台，如教学观摩、教学比赛等，让教师在实践中锻炼成长；三是构建教师学习共同体，促进教师之间的经验分享和协作交流；四是实施导师制，为新手型教师配备经验丰富的导师，提供个性化的指导和帮助。

第三节　成人学习理论在教师专业发展中的应用

一、成人学习理论概述

（一）成人学习特点分析

1. 社会性特点

（1）学习的延续性

成人的学习往往不是从零开始的探索，而是在已有知识和经验的基础上进行的再学习和再教育。这种学习方式呈现出延展性和继续性的特点，意味着成人学习者能够基于先前的认知结构，不断地深化和拓展自己的知识体系。他们倾向于将新信息与已有知识相结合，形成更为丰富和完善的认知网络。因此，针对成人学习者的教育内容和方法需要充分考虑到他们已有的知识与经验，以便更有效地促进知识的内化和应用。

（2）学习的职业性

成人学习者的学习动机往往与个人的职业发展紧密相连。他们通常带着工作中遇到的实际问题和需求来寻求学习的解决方案，因此，他们的学习具有明确的职业性。成人学习者更倾向于选择与工作直接相关的课程，以及能够即时应用于工作实践的学习成果，这就要求教育者在设计课程时，应充分考虑成人学习者的职业需求，提供具有针对性和实用性的教学内容。

（3）学习的从属性

作为社会中的劳动成员，成人学习者的学习需求在很大程度上受到社会环境和工作要求的影响。他们对科学文化技术的追求，实际上是对社会需求的响应和适应。这种从属性使得成人学习者的学习目的更加明确和务实，他们倾向于学习那些能够提高工作效率、解决实际问题、提高个人职业素养的知识和技能。

（4）学习的终身性

在当今快速发展的社会中，终身学习已成为每个人不可或缺的能力。对于成人学习者来说，学习不再是一段特定时期的任务，而是贯穿整个生命周期的持续过程。这种终身性不仅要求成人学习者具备自主学习的能力和意愿，而且要求教育机构和政策制定者提供相应的支持与资源。终身学习的理念强调了学习的持续性和灵活性，使得成人学习者能够根据个人需求和社会发展不断调整自己的学习路径与目标。

2. 能力特点

（1）目标明确

成人学习者在学习过程中往往具有清晰、明确的学习目标，这种目标的确立不仅为他们的学习提供了方向，而且有助于形成持续且稳定的学习动力。明确的学习目标能够激发学习者的内在驱动力，使他们更加专注于学习任务，从而提高学习效率。此外，明确的目标还有助于成人学习者对自我学习进度进行监控和评估，及时调整学习策略，以确保学习成果的实现。

（2）自制力较强

成人学习者通常具备较强的自制力，这使他们能够有效地排除外界干扰，保持稳定的学习情绪。自制力的强弱直接影响到学习的专一性和持久性，是成人学习者能够持续、深入地进行学习的重要保障。在面对学习中的困难和挑战时，较强的自制力能够帮助成人学习者保持冷静，坚持学习，直至达到预定目标。

（3）理解能力较强

成人学习者由于具有丰富的生活经验和知识储备，因此在理解新知识时往往表现出较强的能力。这种理解能力不仅有助于他们对知识进行深入的理解和掌握，而且能够促进知识的迁移和应用。在学习过程中，较强的理解能力使成人学习者能够更快地把握知识的核心要点，从而提高学习效率，提升学习质量。

（4）应用性强

成人学习者的学习往往具有强烈的应用性倾向，他们更倾向于学习与工作、生活密切相关的知识和技能，以便能够将这些知识直接应用于实际情境中。这种应用性的强化不仅有助于成人学习者理论联系实际，而且能够促进他们创造能力的迅速提高。通过实际应用，成人学习者可以更加深入地理解和掌握所学知识，还可以在实践中发现问题、解决问题，从而不断提高自己的综合能力。

（5）学习能力较强

经过长期的学习实践，成人学习者往往积累了较为成功的学习经验，形成了独特且有效的学习方法。这些学习经验和方法不仅提高了他们的学习效率，而且使他们在面对新的学习任务时能够迅速适应并投入其中。较强的学习能力使成人学习者在终身学习的过程中始终保持领先地位，不断吸收新知识、新技能，以适应社会发展和个人成长的需要。

3. 心理特点

（1）自尊心强与观点独立

成人学习者往往具有较强的自尊心，这是他们在长期社会实践中形成的一种自我价值感。与此同时，基于自身丰富的社会经验，他们构建了一套独立的观点体系。这种强烈的自尊心和独立的观点使成人学习者在学习过程中更倾向于坚持自己的见解，对新知识的接受往往会经过自我经验的筛选与解读。因此，在成人教育中，尊重成人学习者的自尊心和独立观点，采用对话式、探讨式的教学方法，往往能够更有效地促进成人学习者的主动参与和深度思考。

（2）学习信心相对较弱

尽管成人学习者在经验和认知上具有一定的积累，但面对超出自身现有知识范围的新领域时，他们常常表现出信心不足的特点。这可能是由于对新知识的陌生感、对自我学习能力的怀疑，或是担心学习失败对自我价值造成负面影响等多种因素共同作用的结果。为了提高成人学习者的学习信心，教育者需要提供充分的学习支持，包括明确的学习路径、适当的学习资源、及时的反馈与鼓励，帮助他们逐步建立起对新知识的掌握感和自信心。

（3）强烈的表达需求

成人学习者在学习过程中往往表现出强烈的表达欲望，他们渴望有机会发表自己的观点和见解，这不仅是他们主动参与学习过程的一种表现，而且是他们实现自我价值认同的重要途径。满足成人学习者的表达需求，不仅能够激发他们的学习热情，而且能够促进知识的深度理解和创新应用。因此，在成人教育实践中，教育者应积极营造开放、包容的学习氛围，鼓励成人学习者提问、讨论和分享，从而满足他们的表达欲望，促进学习的深入发展。

（二）几种主要的成人学习理论

有关成人的学习理论主要有麦克卢斯的余力理论、诺克斯的熟练理论和麦基罗的知觉转换理论（表1–1）。成人学习理论对人力资源培训与开发有着十分重要的意义，其中对培训与开发的启示中一个基本的要求就是互动性，也就是受训者与培训者都要参与培训与开发的学习过程，具体应用见表1–2。

表1–1 成人学习理论

理论观点	理论内容
麦克卢斯余力理论	生活的余力是指生活能力与生活负担之差，即生活的能力剩余。生活余力可因能力提高或负担减少而增加，也可因负担增加或能力降低而减少，成年个体的需要在能量需要与实现需要的可能性之间寻求生长变化的平衡。学习动机的强度取决于生活余力的大小
诺克斯熟练理论	成人的社会角色及周围环境因素的作用，要求成人必须努力缩小现有熟练水平与期望熟练水平之间的差距。当个体由低一级熟练发展到高一级熟练之后，其自身的角色及社会环境又会产生更高水平的熟练要求，个体必须继续作出新的努力去达到新的熟练水平

麦基罗 知觉转换 理论	当知觉转换发生时，成人的生活将出现危机，这种危机主要是一种意识的产生，是由于成人已经认识到自身与环境之间存在着严重的不和谐因素，在这种危机意识作用下，成人总是努力寻找摆脱危机的途径，而最主要、最有效的途径就是参加学习

表1-2　成人学习理论在培训与开发中的应用

设计问题	应用
自我观念	相互启发与合作指导
经验	将受训者的经验作为范例和应用的基础
准备	根据受训者的兴趣和能力进行开发指导
时间角度	立即应用培训内容
学习定位	以问题为中心而不是以培训主体为中心

二、成人学习特点与教师专业发展的契合点

（一）经验基础与知识构建的共鸣

成人学习者的学习经历中，其丰富的社会经验和生活阅历发挥着举足轻重的作用，这些经验不仅为他们的学习奠定了坚实的基础，而且在知识构建的过程中起到了桥梁和纽带的作用。由于成人学习者已经积累了大量的实践经验，他们在接触新知识时，能够迅速将这些知识与实际应用场景相联系，从而形成更为深刻和全面的理解。这种基于经验的学习方式使得成人学习者在知识掌握和运用上更具优势。在教师专业发展领域，实践经验同样被置于至关重要的地位。教师在日复一日的教学实践中，不断积累宝贵的经验，反思并逐步完善自己的教学策略和方法。他们通过对学生学习情况的观察与分析，不断调整教学内容和手段，以更好地满足学生的需求。这一过程与成人学习者的知识构建方式有着异曲同工之妙，都强调了知识与经验的深度融合，教师在实践中不断积累经验，逐步构建起独特的教学知识体系，这与成人学习者利用经验基础促进知识构建的做法不谋而合。

（二）自我导向与学习自主性的契合

成人学习者在学习过程中通常表现出强烈的自我导向性，他们清晰地知道自己的学习需求和目标，能够自主地规划学习路径，选择适合自己的学习内容和方法。这种自我导向的学习方式使得成人学习者在学习过程中

更具主动性和针对性，能够根据自己的实际情况调整学习策略，从而实现更高效的学习。教师专业发展同样需要教师具备高度的自主性。在快速发展的教育领域中，教师需要不断更新自己的知识储备，提高自己的专业素养。这就要求教师必须具备自我更新知识的能力，能够主动地寻求学习机会，不断充实自己的专业知识库。教师的这种自主性与成人学习者的自我导向性高度契合，都强调成人学习者在知识获取过程中的主体地位。教师作为专业的学习者，也需要像成人学习者一样，明确自己的学习需求，自主选择学习内容，规划学习路径，以实现专业素养的持续提高。

（三）问题解决与实践能力的互补

教师专业发展同样强调教师实践能力的提高，在复杂多变的教育环境中，教师需要具备将理论知识转化为实践智慧的能力，以灵活应对各种教育挑战。这就要求教师必须注重理论与实践的紧密结合，通过在实践中不断尝试、反思和总结，逐步提高自己的实践能力。教师的这种实践能力与成人学习者的问题解决能力形成了有力的互补。成人学习者的问题解决取向为教师提供了丰富的实践案例和问题情境，有助于教师更好地理解和应对教育实践中的各种问题。教师专业发展中对实践能力的强调也为成人学习者提供了更为广阔的学习空间和机会，促进了他们问题解决能力的进一步提高。

（四）持续学习与终身发展的同步

教师专业发展也是一个持续不断、追求卓越的过程，教师需要不断更新教育观念、教学方法和学科知识，以适应教育改革的不断深化和学生需求的多样化。这就要求教师必须树立终身学习的理念，将学习作为职业生涯的重要组成部分，通过持续不断的学习和实践，实现自身的专业成长和发展。由此可见，成人学习者的持续学习理念与教师专业发展中对终身发展的追求具有高度的一致性。二者都强调了学习的持续性和发展性，都注重通过不断学习来提高自身的能力和素养。这种一致性不仅体现了成人学习者和教师作为学习者的共同特点，而且为二者的相互促进奠定了坚实的基础。成人学习者可以通过借鉴教师专业发展的经验和成果，丰富自己的学习内容和方式；教师则可以通过了解成人学习者的学习需求和特点，更好地满足他们的学习期望，实现教学相长。

三、成人学习理论在教师专业发展中的具体应用

（一）自我导向学习

1. 自主规划学习路径

自主规划学习路径是成人学习者自我导向性的重要体现，也是教师专业发展中不可或缺的一环。由于教师职业的特殊性和专业性，每位教师都面临着不同的教学环境和挑战，因此，他们需要根据自身的专业需求和兴趣，有针对性地规划学习路径。在自主规划学习路径的过程中，教师需要综合考虑个人的教学实际情况、专业发展目标、可用的学习资源。他们可以选择参加专业培训课程，以系统地提升教育教学理论水平和实践技能；也可以通过阅读教育类书籍，深入了解教育教学的最新理念和方法；还可以观摩其他优秀教师的教学，从中汲取灵感和经验。通过这些方式，教师可以根据自己的需求和兴趣，定制个性化的学习路径，从而实现专业素养的全面提高。

2. 设定个性化学习目标

在教师专业发展中，设定个性化学习目标至关重要。每位教师的发展需求和兴趣点都独具特色，因此，设定与自身实际情况相契合的学习目标是促进专业成长的关键。在设定个性化学习目标时，教师需要深入分析自身的专业现状和发展潜力，明确自己在教育教学中的优势和不足。基于这一分析，教师可以制订出既具有挑战性又切实可行的学习目标，这些目标可能涉及教学技能的提升、教育理念的更新、学生管理能力的提高等多个方面。通过实现这些个性化学习目标，教师能够感受到自我成长的成就感，进而增强继续学习的动力；同时，这些目标的实现也有助于提升教师的教学质量和效果，从而更好地服务于学生的成长和发展。

（二）经验学习与反思实践

1. 利用教学经验促进学习

教学经验作为教师职业生涯中积累的宝贵财富，在教师专业发展中扮演着举足轻重的角色。这些经验不仅体现了教师在教学实践中的智慧与技能，而且为其未来的学习奠定了坚实的基础。教师可以通过系统地回顾和总结自己的教学经验，深入挖掘其中的教育价值，从而发现教学过程中的

问题和不足之处。这种基于经验的反思与学习使教师能够更为精准地识别自己的需求，进而有针对性地进行知识更新和技能提升。在利用教学经验促进学习的过程中，教师需要保持开放的心态，勇于面对并改进自身存在的不足。通过不断的学习和实践，教师可以将教学经验转化为专业成长的动力，实现自我超越，更好地服务于学生的全面发展。

2. 反思实践中的得失

反思实践是教师专业成长中不可或缺的环节，通过深入反思自己的教学实践，教师可以客观地分析教学过程中的成功与失败，从而洞察其背后的原因。这种反思不仅有助于教师提炼出更为有效的教学策略和方法，而且能够促使其不断优化教学流程，提升教学质量。同时，反思实践也是教师发现自身知识盲点和技能短板的重要途径。在反思过程中，教师需要勇于面对自己的不足，通过深入剖析和总结经验教训，明确未来学习和改进的方向。这种基于反思的学习模式不仅能够提高教师的专业素养，而且能够激发其创新精神和自我超越的动力。

3. 构建经验学习与反思实践的良性循环

经验学习与反思实践相辅相成，共同构成了教师专业发展的双轮驱动。在持续的教学实践中，教师应有意识地构建这两者之间的良性循环。通过不断地积累教学经验，为反思提供丰富的素材；同时，深刻的反思又能指导教学实践，使教学经验得到升华和提炼。这种循环往复的过程不仅有助于教师形成独特的教学风格和教育智慧，而且能使其在专业成长的道路上越走越远。在这个过程中，教师需要保持对新知识、新理念的敏锐感知，以及对自我提升的强烈渴望，从而确保经验学习与反思实践能够持续、有效地推动其专业发展，为教育事业贡献更多的智慧和力量。

（三）合作学习与共同成长

1. 教师间的协作与交流

教师专业发展是一个群体性的、互动的过程，在这个过程中，教师之间的协作与交流显得尤为重要。通过合作学习，教师得以打破传统的孤立教学模式，转而与同事共享宝贵的教学经验和学习心得。这种交流不仅包括教学技巧的分享，而且包括教育理念、学生管理策略等多个方面的深入探讨。在协作与交流中，教师可以相互借鉴成功的教学实践，共同面对并解决教学中的难题。这种集思广益的方式不仅能提升教学效果，而且能激发教师的学习热情和创新精神。通过不断的交流与合作，教师能够拓宽视野，更新教育观念，进而推动整个教师群体的专业成长。

2. 构建学习共同体

构建学习共同体是合作学习在教师专业发展中的又一重要体现。在这个共同体中，教师不再是单打独斗的个体，而是形成一个紧密联系的团队。他们共同制订学习计划，确保每名成员的学习目标和步调保持一致；分享学习资源，使优质的教育资源得以充分利用；开展教学研讨，针对教学中的热点、难点问题进行深入探讨。通过学习共同体的建设，教师能够相互支持、相互激励，共同面对教育领域的挑战。这种学习模式不仅有助于提高教师的专业素养，使他们在教学理念、方法上保持与时俱进，而且能增强教师的团队合作精神和凝聚力。在共同体的熏陶下，教师将更加珍视彼此的合作与共享，形成积极向上的教育氛围，从而推动整个教师队伍的持续发展。

四、成人学习理论对教师专业发展意义

（一）增强教师专业自主性

成人学习理论在教师专业发展中的重要性，首先体现在其对教师专业自主性的增强上。该理论强调学习者的自主性和自我导向性，这一核心理念深刻影响了教师对自身专业发展的认知与行为。在传统模式下，教师的专业发展往往依赖于外部的培训和指导，而在成人学习理论的指引下，教师被鼓励成为自身发展的主导者。教师能够根据个人的工作实际、职业发展需求、兴趣爱好，主动规划并实施专业学习的路径。这种自主性的增强使教师能够更加精准地识别自身的专业需求，选择最适合自己的学习内容和方式，如参加研讨会、进行在线课程学习、开展实践研究等。这不仅有助于教师形成独具特色的专业发展道路，而且能够提高他们在面对教育变革时的应对能力。当教师具备了高度的专业自主性，他们便能更好地适应不断变化的教育环境，持续推动个人的专业成长。

（二）促进教师经验资本化

成人学习理论对教师专业发展的另一重要意义在于其促进了教师经验

的资本化，该理论高度重视学习者的先前经验，并将其视为宝贵的学习资源。在教师专业发展的环境下，这意味着教师的实践经验不再仅仅是过去的历史，而是可以被有效转化为专业成长的动力和资本。通过系统的反思和总结，教师能够深入挖掘自身教学经验中的教育价值，明确其中的成功要素和潜在问题。这种经验的提炼和升华过程不仅有助于教师深化对教育教学的本质理解，而且能够提高他们的教学实践能力。当教师学会将经验转化为知识，将知识应用于实践，他们便能够在持续的教学循环中不断优化与完善自身的教育策略和方法，不仅推动了教育教学质量的持续提升，而且促进了教师个人职业生涯的蓬勃发展。

（三）强化教师合作学习意识

成人学习理论还通过倡导合作学习来强化教师的合作学习意识，从而对教师的专业发展产生深远影响。合作学习在该理论中占据了重要地位，它强调学习者之间应通过交流与协作来共同促进学习成果的提升。在教师专业发展的实践中，这一理念鼓励教师打破传统孤立的教学状态，积极与同事进行互动与合作。通过合作学习，教师可以与同行分享宝贵的教学经验和学习心得，借鉴他人的成功实践，共同解决教学中遇到的疑难问题。这种互助互学的氛围不仅能够促进教师之间的知识共享和技能互补，而且能够激发他们的创新意识和探索精神。在合作学习的过程中，教师还能够培养团队合作精神和协作能力，这对于构建高效、和谐的教育生态环境具有重要意义。

（四）激发教师专业创新精神

成人学习理论在教师专业发展中的重要性还体现在其能够激发教师的专业创新精神，该理论注重培养学习者的创新意识和创新能力，这一理念对于教师来说尤为重要。在快速变化的教育环境中，教师需要不断适应新的教学需求，探索更有效的教学方法，这就要求他们具备创新精神。通过引入新的教育理念、教学方法和技术手段，教师可以打破传统的教学框架，尝试更多元化的教学模式。这种探索不仅能够帮助教师发现新的教学可能，而且能够激发他们的创新思维，推动教育教学的不断革新。当教师具备了专业创新精神，他们就能够更好地应对教育变革，为学生提供更丰富、更有深度的学习内容；同时，这种创新精神还能够推动教师个体的专业成长，使他们在教育领域保持领先地位。更重要的是，教师的专业创新精神能够为整个教育系统的持续改革与发展注入新的活力。当教师勇于尝试新的教学方法，积极探索教育教学的新领域和新模式，整个教育系统也会因此变得更加灵活和多元。

（五）增强教师职业认同感与满足感

成人学习理论还强调关注学习者的情感需求和自我价值实现，这一观点对于教师专业发展同样具有重要意义。在教师职业生涯中，增强职业认同感和满足感是保持工作热情与动力的关键。当教师对自己的职业感到认同和满足时，他们更有可能全身心地投入教育教学工作中，为学生提供更优质的教育服务。通过提供符合教师发展需求的学习机会和资源，可以帮助他们实现专业成长和职业目标。当教师在专业发展过程中不断取得进步和成就时，他们会更加深刻地感受到教育工作的意义和价值。这种成功的体验能够增强教师的自信心和工作满足感，进而增强他们的职业认同感。此外，成人学习理论还鼓励教师在学习过程中进行自我反思和评价，这也有助于他们更好地认识自己、理解自己的职业角色和价值。

第四节　终身学习理念与教师职业发展

一、终身学习理念概述

（一）终身学习理念的发展

1. 终身学习理念的提出

20世纪70年代，联合国教科文组织发布的《学会生存——教育世界的今天和明天》报告倡导了终身教育和终身学习理念，引领了教育领域的深刻变革。随着工业化、知识增长和信息技术进步，现代劳动力市场和经济生产模式发生巨变，终身学习成为必需。这一理念标志着一次性学习时代的结束，要求个体在生命各阶段持续学习，以适应环境变化，关乎个人生存和未来发展。全球面临的人口、资源、能源和贫富差距挑战，使教育普及成为关键应对策略。教育目标受众正在转变，从特定群体向全社会和个体终身发展延伸，终身学习被视为基本权利和生存发展保障。其追求在于培养全面发展的人，使学习者成为真正独立的个体。教育和学习的功利性逐渐减弱，更多地被看作生存和发展的基础；同时，终身学习对经济社会进步、个人可持续发展、增强社会包容性和民主化具有越来越重要的作用。

2. 终身学习理念的深化

在终身学习理念受到关注后，联合国教科文组织进一步发布了《教育——财富蕴藏其中》（亦称《德洛尔报告》）。此报告强调，教育是应对未来全球挑战的关键，对于推动人类走向和平、自由与社会公正具有不可或缺的作用。此报告深化了终身学习的理念，将其与社会各方面及个体生命全过程紧密相连，确认了学习型社会中全民终身学习的核心地位。终身学习被视为挖掘教育潜在财富的重要手段，有助于个体在物质和精神层面实现更为深刻与和谐的发展。同时，这种学习模式也被看作是一种具有长远效益的经济、政治和社会性投资。其灵活性和时间弹性使其成为应对职业与生活变化、促进个人全面发展的有效方式。随着终身学习理念的深化，其内涵已从单纯关注个人生存与发展扩展到强调人与人、人与自然、人与社会的相互依存和共进。

（二）终身学习理念的指导价值

1. 引领教育革新方向

终身学习理念在教育领域的指导价值，显著体现在其为教育改革提供了明确且前瞻性的方向标。传统教育模式往往受限于特定的时间和空间，导致教育资源的分配不均及教育机会的有限性。然而，终身学习理念的提出彻底打破了这一束缚，推动了教育体系由阶段性向终身性的深刻转变。这一理念倡导个体在任何年龄阶段、任何地点都能接受到相应的教育，从而确保了教育的连续性和全面性。这种转变不仅有助于满足个体多样化的学习需求，而且在宏观层面推动了教育体系的持续创新与发展。在终身学习理念的指引下，教育体系不局限于学校等传统教育机构，而是拓展到社区、企业、网络等各个角落。

2. 适应社会变迁与个人发展

终身学习理念在适应社会变迁和促进个人发展方面同样展现出了其独特的指导价值。在当今这个快速变化的社会环境中，个体所面临的职业和生活挑战日益复杂多变，为了有效应对这些挑战，个体必须不断更新自身的知识体系、提升各项技能，以适应不断变化的外部环境。终身学习正是实现这一目标的关键途径。通过终身学习，个体能够持续跟踪和掌握所在领域的前沿知识与技术，从而保持自身的竞争优势和创新能力；同时，终身学习还注重培养个体的综合素质，包括认知能力、情感态度、社会技能等多个方面。

3. 促进社会公平与包容

终身学习理念的另一个重要指导价值在于其对社会公平与包容的积极推动作用。教育公平是社会公平的重要基石，终身学习理念正是实现教育公平的有力武器。它强调教育机会的均等性，倡导每名社会成员都应享有平等的学习权利和资源。通过推广终身学习理念，可以有效减少因性别、年龄、社会地位等因素导致的教育不公现象。无论个体处于何种社会背景，都能通过终身学习提高自身能力，提升价值，从而获得更为公平的发展机会。这种包容性的学习环境不仅有助于激发社会成员的学习热情和创造力，而且能为构建一个更加和谐、公正的社会奠定坚实的基础。同时，终身学习理念的普及和实践还能在一定程度上缓解社会矛盾，促进社会不同群体之间的交流与融合。

4. 推动经济持续增长

在当今知识经济时代，劳动力的整体素质和创新能力成为决定经济发展速度与质量的关键因素。终身学习通过提供持续的教育和培训机会，帮助劳动者不断更新知识体系、提升技能水平，从而更好地适应产业升级和技术进步的需求。这种人才支撑为经济的持续增长注入了源源不断的动力。同时，终身学习还促进了消费市场的扩大。随着个体受教育程度的提高，他们对新产品、新服务的需求和接受度也相应增加。这不仅为市场提供了更多的消费机会，而且推动了相关产业的创新和发展。此外，终身学习所倡导的持续学习理念也激发了人们对知识消费的热情，进一步拉动了经济增长。

5. 培育终身学习的文化氛围

终身学习理念在培育积极向上的学习氛围和文化方面具有深远影响，其倡导一种持续学习、自我提升的生活态度，使学习成为个体生活的重要组成部分。这种文化氛围的营造有助于激发社会成员的学习热情，形成全民学习、终身学习的良好风气。在这种文化氛围的熏陶下，人们更加珍视学习机会，愿意投入时间和精力去获取新知识、新技能。这种学习热情不仅有助于提高个体的综合素质，提升竞争力，而且为社会的进步和发展提供了强大的智力支持。同时，终身学习理念的普及也推动了教育资源的优化配置和共享，为更多人提供了平等的学习机会，进一步促进了社会的公平与和谐。在学习型社会中，学习是贯穿人的一生、涉及各个领域的持续过程。这样的社会更加注重知识的更新和创新，具备更强的适应能力和发展潜力。

二、终身学习理念与教师职业发展的关系

（一）终身学习理念对教师职业发展的引领作用

1. 提供持续动力

终身学习理念作为教育领域的核心观念，深刻影响着教师的职业成长轨迹，其鼓励教师不断追求新知，更新自身的知识体系，以适应时代变迁和教育改革的步伐。在这种理念的引领下，教师能够深刻认识到学习不仅是职业生涯的起点，而且是贯穿其始终的关键要素。通过学习，教师能够不断充实大脑、提高专业素养，为职业发展注入源源不断的动力。这种动力不仅驱使教师积极探索教育教学的新领域、新方法，而且激励他们勇于面对挑战，实现自我超越。终身学习理念激发了教师内在的学习热情。当教师意识到学习是职业成长不可或缺的环节时，他们会更加珍惜每一次学习机会，以更加积极、主动的态度参与各类学习活动。这种自发的学习行为不仅能够提高教师的教育教学能力，而且有助于培养他们的创新精神和批判性思维，从而推动整个教师职业群体向更高水平迈进。

2. 指明发展方向

终身学习理念不仅为教师提供了持续学习的动力，而且为他们的职业发展指明了清晰的方向。在不断变化的教育环境中，教师需要具备高度的适应性和前瞻性，以应对不断出现的新挑战和新机遇。终身学习理念强调教师应时刻关注教育行业的发展动态，准确把握教育改革的脉搏，从而及时调整自己的专业方向和技能结构。通过深入学习和实践探索，教师能够逐渐明确自己在职业发展中的定位和目标。他们可以根据自身的兴趣、特

长、教育市场的需求，选择适合自己的专业发展路径。同时，终身学习理念还鼓励教师打破学科壁垒，积极寻求跨学科的合作与交流，以拓宽自己的学术视野和职业发展空间。在终身学习理念的指引下，教师能够不断追求卓越，实现自我突破，为教育事业的发展贡献更多的智慧和力量。

（二）教师职业发展对终身学习理念的实践意义

1. 验证学习成效

教师职业发展不仅是一个持续进步的过程，而且是终身学习理念实践成效的重要验证途径。通过职业发展中的实际成果，教师可以直观地检验自己的学习是否有效、是否真正提高了教育教学能力。这些成果包括但不限于教学水平的提升、学生学业成绩的显著进步、教育创新实践的成功等，它们都是教师学习成效的直接且客观的体现。具体而言，当教师在职业发展过程中取得了显著的教学成果，如学生在标准化考试中的优异表现、学生参与度的提升、家长满意度的提升等，这些都证明了教师终身学习理念的实践是行之有效的。这些实际成果不仅增强了教师继续学习的信心和动力，而且为其他教师提供了可借鉴的成功范例，从而推动了整个教师职业群体对终身学习理念的深入理解与积极实践。

2. 丰富学习内涵

教师在职业发展过程中不可避免地会遇到各种新的教育挑战和问题，这些挑战可能源于教育政策的变化、学生需求的多样化、新技术的引入等多个方面。为了有效应对这些挑战，教师需要不断地进行研究和学习，以寻找解决问题的最佳策略和方法。这种基于实践的学习需求不仅使教师的终身学习变得更加有针对性和实效性，而且极大地丰富了终身学习理念的内涵。教师的学习不局限于传统的知识学习和技能培训，而是扩展到了问题解决、创新实践、批判性思维等多个层面。这种多元化的学习模式不仅有助于教师全面提高自身的专业素养和综合能力，而且他们能够更好地适应复杂多变的教育环境，为学生的全面发展提供更有力的支持。

（三）两者相互促进的良性循环

1. 终身学习推动职业发展

在教师的职业生涯中，终身学习理念发挥着至关重要的推动作用。教师秉持这一理念，意味着他们始终保持着对新知识、新技能的渴求与探索。这种持续的学习行为不仅有助于教师不断更新自身的知识体系，提高专业素养，而且能使他们在面对教育改革和教学挑战时更加从容应对。重要的是这些通过终身学习获得的知识和技能，并非孤立存在，而是直接作用于教师的教学实践之中。教师在学习过程中，不断将新理论、新方法融入课堂教学，优化教学策略，从而提升教学质量，促进学生的全面发展，实践中的应用与转化，不仅验证了终身学习的实效性，而且推动了教师职业向更高层次的发展。

2. 职业发展深化终身学习

教师的职业发展是一个长期且持续的过程。在这个过程中，教师会积累大量的实践经验和教育智慧，这些经验和智慧并非简单地堆砌，而是需要经过反思和总结，才能转化为更为深刻的理论知识和教育见解。这种转化过程实际上就是职业发展对终身学习的深化。教师在职业发展中遇到的问题和挑战，会激发他们的学习需求和研究兴趣，促使他们更加深入地探索教育领域的各个方面。同时，职业发展中的成功经验也会成为他们终身学习的宝贵资源，激励他们继续前行，不断追求卓越。通过反思和总结，教师能够将实践经验上升为理论知识，从而进一步完善和丰富自己的学习体系。这种由职业发展带来的学习深化不仅提高了教师的个人素养，而且为他们的未来职业发展奠定了更加坚实的基础。

三、终身学习理念对教师职业发展的促进作用

（一）提高教育教学能力

教育教学能力是教师的核心职业素养，其高低直接关系到学生的学习成效和未来发展。在终身学习理念的指引下，教师通过持续学习，可以深入掌握更多先进的教学方法和策略。这些方法和策略不仅涵盖了传统的教学技巧，而且包括了现代教育技术、多元智能理论、建构主义学习理论等前沿领域。通过将这些先进理念和方法融入课堂教学实践，教师能够更有效地激发学生的学习兴趣，增强他们的学习积极性和自主性。同时，持续学习还使教师能够及时反思和调整自己的教学方式，以适应不同学生的学习需求和个性特点。这种灵活性和适应性是提高教育教学能力的关键，能够帮助教师更好

地应对教学过程中的各种挑战和问题，从而提升整体的教学效果。此外，随着教育技术的不断更新换代，教师通过学习掌握新技术，还能进一步丰富教学手段和资源，为提高教育教学能力提供有力的支持。

（二）提高专业素养

教师的专业素养是其职业生涯发展的基石，也是保障教育教学质量的关键。终身学习理念强调教师需不断更新学科知识，这不仅包括对所教学科基础知识的巩固和深化，而且涉及对学科前沿动态、发展趋势的敏锐洞察和把握。通过持续学习，教师能够保持与学术界的紧密联系，及时了解与吸收最新的研究成果和教育理念，从而确保自己的专业知识始终处于行业前沿。同时，终身学习还促使教师提升对教育理论和教育实践的理解。教育理论是教师进行教育教学活动的指导思想，教育实践则是检验这些理论是否有效的试金石。通过深入学习各种教育理论，并结合自己的教学实践进行反思和总结，教师能够更深刻地理解教育的本质和规律，更准确地把握学生的学习特点和需求。理论与实践相结合的学习方式，不仅能提高教师的专业素养，而且能推动其向研究型、专家型教师的方向发展。

（三）拓展职业发展空间

在教师的职业生涯中，秉持终身学习理念不仅能够提高个人的教育教学能力和专业素养，而且能够为其拓展广阔的职业发展空间。随着教育领域的不断变革和创新，教师需要不断适应新的教育环境，参与各种教育研究项目，以探索更加有效的教学方法和策略。终身学习理念使教师保持对新知识、新技能的持续追求，这种积极进取的态度使他们更有可能被选拔参与重要的教育研究项目，从而在实践中不断提高自己的研究能力和创新能力。此外，持续学习的教师也能够承担起更多的管理职责。他们通过不断学习，不仅提升了自己的教学技能，而且提高了团队协作、领导管理等方面的能力。这使得他们在学校或教育机构中能够扮演更加重要的角色，如担任学科带头人、年级组长、教务主任等职位，从而进一步拓展自己的职业发展道路。因此，终身学习理念对于教师来说不仅是个人成长的助力，而且是其职业生涯发展的催化剂。

（四）塑造良好职业形象

在学生眼中，持续学习的教师是知识的源泉和学习的引路人，他们不仅能够传授丰富的学科知识，而且能够激发学生的学习兴趣和求知欲，引导学生形成自主学习的良好习惯。这样的教师往往能够获得学生的尊敬和爱戴，建立起深厚的师生情谊。在家长看来，持续学习的教师是对孩子教育负责任的表现。他们通过不断学习，提升了自己的教育水平，能够更好地指导和帮助孩子解决学习中的问题，促进孩子的全面发展。这样的教师容易赢得家长的信任和认可，建立起良好的家校合作关系。在同事之间，持续学习的教师也往往被视为学习的榜样和合作的伙伴，他们积极进取的学习态度能够激发整个教师团队的向上精神，形成良好的团队氛围。同时，他们在学习中所积累的知识和经验也能够为团队带来宝贵的财富，促进团队成员之间的交流和合作。

四、构建支持教师终身学习的环境与机制

（一）学习环境建设

1. 学习资源平台搭建

为了全面支持教师的终身学习，构建一个综合且高效的学习资源平台至关重要。该平台不仅需要整合多元化的教育资源，包括电子图书、学术期刊、高质量的教学视频、丰富的案例库，而且应确保这些资源的实时更新与优化，从而满足教师不断进化的学习需求。通过精心设计的用户界面和便捷的检索系统，教师可以轻松地访问这些资源，进行自主学习和知识更新。更重要的是，学习资源平台应融入先进的智能推荐技术。基于教师的学习历史、兴趣偏好、专业发展需求，平台能够智能地推送个性化的学习资源，帮助教师发现新的学习路径和兴趣点，所以个性化的学习体验不仅能够提升教师的学习效率和效果，而且有助于激发他们的学习动力和探索精神。

2. 互动学习社区营造

在构建支持教师终身学习的环境中，互动学习社区的营造同样不可或缺。该社区应成为教师分享教学经验、交流学术观点、讨论教育问题的重要场所，促进他们之间的深度互动与合作学习。通过社区的建立，可以打破传统学习中孤立无援的状态，使教师在相互激励和支持的氛围中共同成长。为了实现这一目标，互动学习社区应设置多样化的板块，以满足教师

在不同方面的学习需求。例如，可以设立教学方法探讨板块，鼓励教师分享创新的教学策略和课堂实践；课程设计交流板块可以为教师提供一个协作设计和优化课程的平台；学生心理辅导板块可以聚焦于如何更好地理解和支持学生的情感与心理发展。这些板块的设置为教师提供了广阔的学习空间，有助于他们在专业领域内实现更深层次的成长与发展。

（二）激励机制设计

1. 成果认证与奖励制度

在推动教师终身学习的过程中，建立成果认证与奖励制度是一种行之有效的激励策略。这一制度的核心在于，通过明确的标准和程序，对教师通过参加专业培训、完成在线课程、发表学术论文等方式获得的学习成果进行认证。这种认证不仅是对教师学习努力的肯定，而且能作为他们职业发展的重要依据。具体而言，成果认证可以与教师的职称晋升、岗位聘任等职业发展关键环节紧密挂钩。这样一来，教师在追求个人专业成长的同时，也能获得实实在在的职业发展机会和物质回报。此外，对于那些在学习和研究中取得突出成果的教师，还应设立专门的奖励机制，给予他们相应的物质奖励和精神鼓励。

2. 学习时间保障与灵活安排

要确保教师终身学习的有效实施，必须为教师提供充足且灵活的学习时间，学校和教育部门在这方面扮演着关键角色，应通过合理的时间规划和调整，为教师创造更多的学习机会。具体而言，可以通过安排专门的学习时间，如定期的研修假、学术研讨会等，为教师提供集中的学习时段。同时，也可以考虑调整教学计划，合理安排教师的工作和学习时间，避免过重的工作负担挤占教师的学习时间。此外，还应允许教师根据自身情况灵活安排学习时间，如利用课余时间进行自主学习、选择适合自己的在线课程等。这种灵活的学习时间安排能够充分满足教师的个性化学习需求，提高他们的学习效率，增强他们的积极性。

（三）支持服务完善

1. 技术支持与培训

通过技术支持服务，教师可以及时获得教育技术方面的帮助和指导，解决在使用新技术过程中遇到的问题。这种支持不仅包括基础的技术操作指导，而且应涵盖如何将技术与教学内容有效结合的策略和方法。同时，定期的技术培训也是不可或缺的。培训内容应涵盖最新的教育技术动态、教学软件的使用方法、网络安全与隐私保护等方面的知识。通过系统的培训，教师可以更加熟练地运用各种技术工具，进而提高教学效率，提升教学质量。技术支持与培训服务还能够增强教师的学习体验和效果。当教师能够轻松驾驭各种技术工具时，他们便能更加自信地探索新的教学方法和策略，从而为学生提供更加丰富多样的学习体验。

2. 学术指导与咨询

通过邀请专家学者或资深教师担任学术指导顾问，可以为教师提供有针对性的指导和建议。这些顾问不仅具备深厚的学术背景，而且能根据教师的实际需求和研究方向，提供切实可行的研究方法和路径。在他们的引领下，教师可以更加高效地开展学术研究，避免走弯路或陷入研究误区。此外，学术指导与咨询机制还应包括定期的学术研讨会、讲座等活动。这些活动不仅为教师提供了与同行交流的机会，而且能让他们及时了解学术前沿动态，拓宽研究视野。通过这些活动，教师可以汲取他人的研究经验，激发自己的创新思维，从而推动教育教学工作的不断发展。

第二章　教师专业发展需求分析

第一节　当前教师专业发展现状

一、教育背景与教师专业发展

（一）教育改革对教师的新要求

教育改革作为当下教育领域的重要议题，其深入推进正逐步改变着传统的教育生态，在这一过程中，教师作为教育活动的核心参与者，面临着前所未有的挑战与要求。在传统的教育模式中，以教师为中心、以知识灌输为主已无法满足当代社会对教育的多元化、个性化需求。因此，新的教育理念应运而生，强调学生的主体地位，注重能力培养与素质提高，这无疑对教师角色提出了更高的要求。在教学方法上，改革倡导创新与实践相结合，鼓励教师探索更多符合学生发展规律、能够激发学生兴趣与潜能的教学方式。这要求教师不仅要掌握丰富的教学理论，而且要具备灵活应用这些理论于实际教学中的能力。同时，评价机制的转变也是改革的重要一环，从单一的考试成绩评价转向多元、全面的学生发展评价，促使教师必须更新评价观念，掌握更为科学、客观的评价方法。

（二）信息技术对教育的影响

信息技术的迅猛发展正以前所未有的速度改变着人类社会的各个领域，教育领域亦不例外。在线教学、虚拟课堂等新型教学模式的涌现，正是信息技术在教育领域深入应用的直接体现。这些新型教学模式打破了传统教学的时空限制，为学生提供了更为便捷、灵活的学习途径。然而，信息技术的引入并非简单的工具替换，而是对教育理念、教学方式乃至教育生态的全面革新。它要求教师不仅要熟练掌握各类信息技术工具，而且要深刻理解信息技术对教育的深远影响，积极探索如何将信息技术与教育教学深度融合。只有这样，教师才能充分利用信息技术的优势，提升教学效果，促进学生的全面发展。因此，面对信息技术的挑战与机遇，教师必须不断提高自身的信息素养和技术应用能力，以适应这一教育变革的潮流。

（三）终身学习理念的普及

终身学习理念的普及标志着教育领域的一次深刻变革，在这一理念下，教师从传统的知识传授者转变为学生学习的引导者和促进者。这一转变对教师提出了更高的要求，需要他们具备更高的专业素养和教育能力。终身学习理念的核心是强调学习的持续性和自主性。这意味着教师不仅要关注学生当前的学习状态，而且要培养他们自主学习的能力，以便在未来不断变化的社会环境中持续学习、不断进步。为此，教师必须不断更新自己的知识储备，提高专业素养，以便更好地引导学生探索未知领域、培养他们的创新思维和实践能力。同时，终身学习理念的普及也要求教师具备更强的教育能力。这包括深入了解学生的需求与特点、设计个性化的教学方案、营造积极的学习氛围、提供有效的学习支持等。

二、教师专业能力的现状

（一）学科知识的掌握

在教师专业能力的构成中，学科知识的掌握是基石，直接关系到教学质量与学生学习成效。在教学实践中，大多数教师都通过系统的专业学习和实践积累了扎实的学科知识，能够熟练应对日常教学工作中的知识传授需求。他们不仅能够掌握学科的基本概念、原理和理论体系，而且能够将这些知识有效地转化为教学内容，助力学生构建完整的学科知识体系。然而，学科发展是　个动态的过程，新知识、新理论不断涌现，旧有知识体系也在不断更新与完善。这就要求教师必须保持持续学习的状态，不断追踪学科前沿，及时更新自己的知识储备。通过参加专业培训、研读学术文献、参与学术交流等方式，教师可以不断拓宽学科视野，深化对学科知识的理解，从而确保自己在教学工作中始终保持领先地位。

（二）学生评价与反馈机制

学生评价与反馈机制是教学过程中的重要环节，有助于教师及时了解学生的学习情况，发现教学问题，有针对性地进行改进。目前，许多教师已经建立了相对完善的学生评价和反馈机制，通过作业批改、课堂测试、学生问卷等方式收集学生的学习信息和反馈意见。这些信息和意见为教师提供了宝贵的教学参考，帮助他们更加精准地把握学生的学习需求，优化教学策略。然而，在学生评价与反馈机制方面，仍存在一些需要改进的地方。特别是如何更加科学、客观地评价学生的学习成果，成为教师需要进一步探索的问题。传统的以考试成绩为主的评价方式过于单一，无法全面反映学生的真实学习水平和能力发展状况。因此，教师需要积极探索多元化的评价方式，如表现性评价、过程性评价等，以全面、客观地评价学生的学习成果。同时，教师还需要提高对学生反馈信息的分析和利用能力，从中提炼出有价值的教学改进建议，以不断提升教学质量和教学效果。

（三）教育科研能力

教育科研能力是现代教师专业素养的重要组成部分，体现了教师对于教育教学规律的深入探索和创新实践。当前，随着教育改革的不断深化和教师职业发展的内在需求，越来越多的教师开始重视并投身于教育科研工作中。他们通过参与课题研究、撰写学术论文等方式，积极提高自己的科研能力，以期在教育教学实践中发挥更大的作用。然而，从整体来看，教师的教育科研能力仍有待进一步提高。这主要体现在科研方法的掌握和运用、科研成果的转化和应用等方面。为了提高教师的教育科研能力，需要加强科研方法和技能的学习与实践。教师可以通过参加科研培训、研读科研方法类书籍、与科研专家交流合作等方式，不断提高自己在选题、研究设计、数据收集与分析、论文撰写等方面的能力。

（四）合作与交流能力

合作与交流能力对于教师的专业发展至关重要。在教育领域，教师之间的合作与交流是促进教育教学改革、提升教育质量的重要途径。当前，许多教师已经意识到合作与交流的重要性，并表现出积极的态度。他们愿意与同行分享自己的教学经验，共同探讨和解决教学问题，从而形成良好的教育教学氛围。然而，在跨学科、跨领域的合作与交流方面，教师仍需进一步加强。这种合作与交流有助于教师拓宽视野、更新观念，从更广阔的领域汲取教育教学灵感。为了实现这一目标，教师需要主动寻求与不同学科、不同领域专家的合作与交流机会，积极参加各类学术研讨会、教育论坛等活动。通过这些活动，教师可以接触到更多的前沿教育理念和教学方法，为自己的教育教学实践注入新的活力。

三、教师专业发展的机遇与挑战

（一）教师专业发展的机遇

1. 国家政策支持

（1）教师培训计划

国家层面针对教师队伍的专业发展，已出台多项精心设计的培训计划，这些计划不仅覆盖了广泛的教育领域，而且特别注重实践性与创新性的结合。通过提供专项资金支持，国家鼓励并保障教师能够积极参与各类高质量的培训活动。这些培训旨在更新教师的教育理念，提升他们的教学技能，培养他们的创新能力。最终，这些努力将有助于构建一支高素质、专业化的教师队伍，从而推动我国教育事业的持续发展和进步。

（2）职称晋升制度

国家所建立的职称晋升制度，经过不断的完善与优化，现已成为教师职业发展的重要支撑。这一制度为教师设立了清晰、明确的职业发展阶梯，每个阶梯都对应着相应的专业标准和要求。这不仅为教师的专业成长提供了明确的方向，而且激发了他们追求更高层次专业发展的内在动力。通过职称的晋升，教师不仅能够获得更高的社会认可，而且能够享受到与之相匹配的职业待遇，从而进一步坚定了他们投身于教育事业的决心和信心。

2. 教育技术进步

（1）在线教育资源

随着网络技术的迅猛发展，在线教育资源日益丰富，为教师的专业成长和持续学习提供了前所未有的便捷途径。这些资源涵盖了各个学科领域，包括最新的教育理念、教学方法、课程素材等，使得教师能够跨越时空限制，随时随地汲取新知识、新技能。通过在线学习平台，教师可以自主选择学习内容，灵活安排学习时间，从而更有效地提高自身的专业素养和教学能力。

（2）教学辅助工具

近年来，多媒体、互动课堂等教学辅助工具在教学领域的应用日益广泛，为教师创新教学方法、提升教学效果提供了有力的技术支持。这些工具不仅能够呈现生动、形象的教学内容，激发学生的学习兴趣，而且能够实时收集学生的学习反馈，帮助教师更精准地把握学生的学习情况。通过合理利用这些教学辅助工具，教师可以设计出更具互动性、探究性的教学活动，从而有效提升学生的学习效果，提高学生的综合素质。

3. 社会认可度提升

（1）教师地位提高

在当今社会，随着知识的价值日益凸显，教育的重要性也被提升到了前所未有的高度。这种转变显著提升了教师的社会地位，使他们从传统的知识传授者转变为引领社会进步的关键力量。随之而来的职业荣誉感，不仅体现了社会对教师的尊重和认可，而且有助于教师群体内部形成强烈的职业认同感和归属感。这种积极的氛围将进一步激发教师的工作热情和创新精神，为培养更多优秀人才奠定坚实的基础。

（2）家长支持与合作

随着家长对子女教育投入关注度的持续增加，他们与教师之间的合作也日益密切，家长们积极参与孩子的教育，与教师共同探讨和解决教育过程中遇到的问题，并形成了教育合力。这种来自家长的支持与合作，不仅为教师提供了更多的资源和帮助，而且极大地促进了学生的全面发展。在家长和教师的共同努力下，学生能够在更加和谐、积极的学习环境中茁壮成长，为实现个人潜能和追求美好未来奠定坚实的基础。

（二）教师专业发展的挑战

1. 工作压力增大

（1）教学任务繁重

在课程改革的推动下，教师需要承担的教学任务和职责愈发繁重，新的课程标准、多样化的教学方法及对学生全面发展的要求，都使得教师必须投入更多的时间和精力进行教学准备与实施。同时，随着社会对教育质量的期望不断提高，教师在完成日常教学任务的同时，还需兼顾科研、学生指导等多方面的工作。这种多任务、高强度的工作环境导致教师的工作压力日益增大，对他们的身心健康和专业发展都构成了一定的挑战。

（2）学生需求多样化

随着教育理念的更新和学生个性化需求的增加，教师面临着越来越复杂的教学环境，学生不再满足于传统的知识传授方式，而是期望教师能够提供更加个性化、多元化的学习体验。这就要求教师必须深入了解每名学生的特点和需求，制订有针对性的教学方案，并在教学过程中不断调整和优化。然而，满足学生多样化需求的过程并非易事，它需要教师具备更高的专业素养和创新能力，也需要投入更多的时间和精力。因此，这一变化也给教师带来了不小的工作压力。

2. 持续学习压力增大

（1）知识更新迅速

在当今信息爆炸的时代，学科知识呈现出前所未有的更新速度，新的学术理论、研究成果和教育理念层出不穷，为教师带来了极大的学习压力。为了保持在专业领域的领先地位，教师必须持续关注学科前沿，深入研究最新的学术动态，并及时将这些新知识、新观念融入日常教学中。持续学习的需求不仅要求教师具备高度的自律性和学习能力，而且需要他们投入大量的时间和精力，以应对知识快速更新带来的挑战。

（2）技能提升需求

随着教育技术的迅猛发展，传统的教学方式已经难以满足现代教育的需求，多媒体、网络教学、人工智能等新技术在教学中的应用日益广泛，要求教师不断学习和掌握新的教学技能。为了适应这种变化，教师必须积极参加相关培训，主动探索新的教学方法，努力提高自己的技术应用能力，这种技能提升的需求不仅是对教师职业素养的考验，而且是他们应对教育变革、提升教学质量的关键。

3. 职业发展瓶颈

（1）晋升机会有限

在教师职业发展过程中，晋升机会的有限性是一个不可忽视的问题。尽管国家已经设立了职称晋升等制度，为教师提供了职业成长的路径，但在实际操作中，由于名额限制、评审标准严格以及竞争激烈等因素，部分教师可能难以获得晋升的机会。这种情况可能导致一些教师感到职业发展受阻，产生挫败感和焦虑情绪，进而影响其工作积极性和教学质量。为了解决这一问题，需要进一步完善教师职称晋升制度，增加晋升机会，加强教师职业发展规划的指导，帮助教师明确职业目标，提高职业素养，实现更好的职业发展。

（2）职业倦怠感产生

长期从事教育工作，部分教师可能会逐渐产生职业倦怠感，这种倦怠感源于多方面的原因，如工作压力过大、教学内容重复、缺乏新的挑战和刺激等。当教师陷入职业倦怠时，他们可能会对工作失去热情，对教学质量和学生发展产生负面影响。为了缓解教师的职业倦怠感，学校和社会应该关注教师的心理健康，提供必要的心理支持和辅导。同时，鼓励教师参与教育研究、学术交流等活动，为他们创造更多的学习和发展机会，激发其职业发展的内在动力。此外，还可以通过改革教育体制、优化教学环境等措施，为教师创造更加宽松、和谐的工作氛围。

四、区域差异与教师专业发展

（一）地域教育资源差异

1. 教育投入的不均衡

教育投入的不均衡是地域教育资源差异的重要体现，这种不均衡主要源于不同地区经济发展水平的显著差异。在发达地区，得益于雄厚的经济基础，政府和社会各界能够投入更多的资金用于教育事业，特别是在教师的培训和进修方面。这种投入不仅涵盖了传统的面对面培训，而且包括了在线学习资源的开发、教育技术的更新、国际交流机会的提供等方面。因此，发达地区的教师在专业发展过程中能够接触到更前沿的教育理念、教学方法和研究动态，从而保持其教育教学的先进性和创新性。欠发达地区的经济状况则较为窘迫，导致教育投入相对有限。在这种情况下，教师的专业发展机会受到明显限制。由于缺乏足够的资金和资源支持，欠发达地区的教师可能难以获得高质量的培训和学习机会，进而在教育教学理念和技能上相对滞后。

2. 教育设施与技术的差距

除了教育投入的不均衡外，教育设施与技术的差距也是地域教育资源差异的一个重要方面。在发达地区，学校通常配备有先进的教育设施和技术，如多媒体教室、互动白板、网络教学平台及各类教育软件等。这些设施和技术的广泛应用，为教师提供了丰富多样的教学手段和工具，有助于他们进行教学创新和提升教学效果。例如，通过利用多媒体教学工具，教师能够更生动地呈现教学内容，激发学生的学习兴趣；通过网络教学平台，教师能够实现远程教学和在线辅导，满足学生个性化的学习需求。然而，在欠发达地区，学校往往缺乏这些先进的教育设施和技术。这种缺失不仅限制了教师的教学手段和方法的选择，而且可能影响他们的教学积极性和创新能力。由于缺乏必要的技术支持，欠发达地区的教师可能难以实施一些富有创意和实效性的教学活动，从而在一定程度上制约了教育教学质量的提升。因此，缩小教育设施与技术的差距，对于促进欠发达地区教师的专业发展及提升整个地区的教育水平具有至关重要的意义。

（二）不同地区教师专业发展面临的机遇与挑战

1. 发达地区教师的专业发展

由于发达地区通常处于教育改革的前沿，因此教师有更多的机会接触到最新的教育理念和教学方法。例如，他们可能经常参与各种教育研讨会、学术交流活动、国际教育合作项目，从而不断拓宽教育视野，更新教育观念。同时，发达地区还拥有众多的教育资源和平台，如先进的教育研究机构、丰富的在线学习资源、多元化的教学实践场景，这些都为教师提供了宝贵的学习和发展机会。在发达地区，教育行业的竞争压力通常较大。为了保持领先地位，教师需要不断提高自己的专业素养和教育教学能力。他们可能需要投入更多的时间和精力进行自主学习、参加专业培训，甚至参与教育科研项目。此外，随着教育技术的飞速发展，教师还需要不断适应与掌握新的教学工具和方法，以满足学生日益多样化的学习需求。

2. 欠发达地区教师的专业发展

欠发达地区的教师在专业发展道路上可能面临更多的困难和挑战，这些地区往往教育资源有限，缺乏足够的专业发展支持和机会。例如，他们可能难以获得高质量的培训和学习资源，也难以与同行进行有效的交流和合作。因此，欠发达地区的教师需要付出更多的努力来寻求专业发展的机会，如自主搜集和整理学习资源、积极参加有限的培训活动、主动寻求与发达地区教师的交流等。然而，正是这些困难和挑战激发了欠发达地区教师的创新精神与自我提升的动力，他们可能更加珍视每一次的学习机会，更加积极地探索适合当地学生的教学方法和手段。同时，他们也能更加关注教育公平和普及教育的问题，努力通过自己的教学实践为当地教育事业的发展作出贡献。

（三）政策建议与措施

1. 加大对欠发达地区的教育投入力度

针对欠发达地区教育资源匮乏的问题，政府应当采取有力措施，加大对这些地区的教育投入力度。这种投入不仅仅是资金上的支持，更包括政策倾斜和资源配置的优化。通过增加欠发达地区的教育经费预算，可以确保学校基础设施的改善，教育技术的更新，以及教师培训和进修的经费保障。同时，政府还可以设立专项基金，鼓励社会各界参与欠发达地区的教育援助项目，形成多元化的教育投入机制。此外，优化教育资源配置也是关键一环，应确保欠发达地区的学校能够获得与发达地区相对均衡的教育资源，从而缩小地域间的教育差距，为教师的专业发展创造更加公平的环境。

2. 建立跨区域的教育合作与交流机制

为了促进不同地区教师之间的经验分享和资源共享，政府应积极推动建立跨区域的教育合作与交流机制。这种机制可以包括定期举办跨区域的教育研讨会、教学观摩活动，搭建在线教育交流平台等。通过这些活动，教师可以互相学习、借鉴先进的教学方法和理念，共同探讨解决教育教学中遇到的难题。同时，政府还可以鼓励发达地区与欠发达地区之间开展校际合作，实现教育资源的优势互补，推动整个教师队伍的专业发展。这种合作与交流不仅有助于提高教师的专业素养，而且能够增强教师的职业认同感和归属感，激发他们投身教育事业的热情和动力。

3. 推广现代教育技术

随着科技的飞速发展，现代教育技术在教学中的应用日益广泛。为了突破地域限制，让更多的教师接触到先进的教育理念和教学方法，政府和社会应当大力推广这些技术。具体而言，政府可以加大对远程教育、网络教学等现代教育技术的投入力度，建设覆盖广泛、功能完善的在线教育平台。同时，还可以制定相关政策，鼓励与支持教师利用这些技术进行教学改革和创新实践。此外，为了确保教师能够熟练掌握和运用现代教育技术，政府还应提供相应的培训和支持服务。通过这些措施的实施，不仅可以有效缩小地域间的教育差距，而且可以推动整个教育系统的现代化进程，为培养更多高素质人才奠定坚实的基础。

第二节　教师个人发展需求分析

一、个人职业规划与目标分析

（一）职业愿景与长期规划

1. 明确职业愿景

确立职业愿景，在教师专业成长过程中占据着举足轻重的地位，此过程要求教师进行深刻的自我剖析和内心探索，以充分理解并确认自己对教育事业的深沉热爱与坚定执着。教师需细致地描绘自己在教育领域希望达成的理想状态，这不仅关乎未来的职业定位，而且深刻地反映了教师的个人价值观和教学理念。职业愿景的明确，实际上是为教师提供了一盏指引前行的明灯，使其能够在纷繁复杂的教育环境中始终坚守初心，不断寻找和创造自我提升的机会。通过这样的愿景设定，教师可以源源不断地汲取前进的动力，从而为教育事业贡献出更加卓越的力量。

2. 制订长期规划

制订长期规划是教师实现职业愿景的关键步骤。该规划不仅需要教师结合自身的实际情况，而且要考虑教育行业的整体发展趋势和社会需求。一份五至十年的职业发展计划，应全面覆盖教学技能的进一步提升、学科知识的持续更新、教育管理理念的不断学习等多个核心领域。通过精心设定一系列阶段性目标和里程碑，教师可以更加有条不紊地推进自己的职业发展进程，确保每一步都稳健且富有成效。这样的长期规划不仅有助于教师保持清晰的职业方向感，而且能使其在逐步实现职业愿景的道路上，不断积累信心与力量，最终成长为教育领域的佼佼者。在这个过程中，教师需要具备高度的自我驱动力和学习能力，以应对不断变化的教育环境，持续推动个人的专业成长。同时，通过不断调整和优化规划，教师可以更好地适应教育行业的发展趋势，为实现自己的职业愿景奠定坚实的基础。

（二）短期目标与行动计划

1. 设定短期目标

短期目标的设定，对于教师的职业发展而言，既是长期规划的具体细化，也是教师实现职业愿景的基石。在设定短期目标时，教师需要紧密结合自己的长期规划，确保所设定的目标既具有实际可行性，又能够体现一定的挑战性。一至两年内可实现的目标，如提高课堂教学效率、参与教育科研项目等，不仅应具备明确性和可衡量性，而且应激发教师的内在动力，促使其以更加饱满的热情投入职业发展中。通过精心设定短期目标，教师可以更加清晰地把握自己的职业方向，有针对性地投入时间和精力，从而实现更为高效和快速的职业成长。

2. 制订行动计划

一个详尽而周密的行动计划不仅能够为教师提供明确的行动指南，而且能够帮助其在实现目标的过程中保持高效和有序。在制订行动计划时，教师需要针对每个短期目标进行深入的分析和思考，明确实现目标所需的具体步骤和策略。这包括但不限于确定关键的时间节点、合理分配资源、选择恰当的学习方法和实践机会等。通过精心制订行动计划，并严格按照计划执行，教师可以更加有条不紊地推进目标的实现，确保每一步都稳健而有力，这样的行动计划不仅有助于提高教师的自我管理能力，而且能够为其职业发展注入强大的动力；同时，教师还应根据实际情况灵活调整行动计划，以确保其始终与职业发展目标保持高度一致。

（三）目标实现的保障措施

1. 自我管理与时间规划

对于教师而言，自我管理与时间规划尤为关键，因为它们直接关系到教学效率和个人职业发展的顺利与否。教师需要精心建立良好的工作习惯，这不仅包括合理安排每日的教学任务，而且涉及对长期职业发展活动的统筹规划。通过科学的时间管理，教师可以确保在繁忙的教学工作中依然能够高效地完成各项任务，为个人的职业发展留出足够的空间。同时，平衡工作与生活同样不容忽视。保持身心健康是教师能够持续投身于教育事业的根本保障，只有在身心俱佳的状态下，教师才能充分发挥自己的潜能，不断追求职业上的进步与成长。

2. 持续学习与技能提升

在快速变化的教育领域中，持续学习与技能提升对教师而言至关重要，不仅关系到教师能否跟上时代的步伐，而且直接影响到其教学质量和职业发展前景。教师需要以开放的心态，积极拥抱新的教育理念和教学方法，不断更新和扩充自己的知识储备。此外，通过参加各类培训、研讨等活动，教师可以与同行交流切磋，汲取他人的宝贵经验，进而提升自己的教学技能，提高科研能力。这种持续的学习和提升过程不仅能够使教师在日常教学中更加游刃有余，而且能够为其职业发展注入源源不断的动力，推动其不断攀登新的高峰。

3. 反思与调整策略

对于教师而言，定期回顾自己的职业发展情况，总结经验教训，是确保自己始终沿着正确方向前进的关键。通过深入的反思，教师可以清晰地认识到自己在职业发展中的得与失，发现存在的问题和不足，及时采取相应的措施进行改进。同时，根据实际情况调整职业规划和目标设定，也是教师在职业发展过程中必须掌握的能力。这种灵活性和适应性不仅能够帮助教师更好地应对外部环境的变化，而且能够确保其职业发展始终与自身的实际情况和需求保持高度契合。通过持续的反思与调整，教师可以不断完善自己的职业发展路径，逐步实现更高远的职业愿景。

二、教育教学能力提升需求

（一）教学方法创新

1. 现代教育技术应用

随着科技的日新月异，多媒体教学软件、在线教育平台等教育技术工具不断涌现，为教学方法的创新提供了广阔的空间。这些技术不仅使得教学内容的呈现更加生动有趣，而且能够大幅度提升学生的学习体验。教师在课堂教学中应积极引入这些现代教育技术，利用其直观性、互动性和个性化的特点，优化教学过程，提升教学效果。通过现代教育技术的应用，教师可以更直观地展示知识要点，将抽象的概念和理论以图像、动画等形式呈现出来，降低学生的认知负荷，提高他们的理解能力。同时，这些技术还能激发学生的学习兴趣，调动他们的学习积极性，使他们更加主动地参与课堂活动。此外，现代教育技术还有助于实现个性化教学。通过大数据分析、智能推荐等技术手段，教师可以根据学生的学习情况和兴趣需求，为他们量身定制学习方案，从而满足不同学生的学习需求，进一步提升教学质量。

2. 多元化教学策略探索

在当今多元化的教育环境中，传统的教学方法已难以满足当代学生的多样化需求，为了激发学生的学习兴趣和主动性，培养他们的创新思维和问题解决能力，教师需要不断探索和实践多元化的教学策略。这些策略包括采用情境教学、案例教学、项目式学习等多种教学模式，以及运用小组合作学习、角色扮演等互动方式。情境教学通过创设具体的、生动的场景，让学生在真实的语境中学习，从而加深他们对知识的理解和应用。案例教学以实际案例为切入点，引导学生分析、讨论和解决问题，提高他们的实践能力和批判性思维。项目式学习鼓励学生以小组为单位，围绕某个主题进行深入研究和实践，培养他们的团队协作能力和创新精神。此外，小组合作学习和角色扮演等互动方式也是多元化教学策略的重要组成部分。小组合作学习能够促进学生之间的交流与合作，提高他们的团队协作能力；角色扮演则可以让学生身临其境地感受知识在实际生活中的应用，增强他们的学习体验，提高实践能力。

（二）课堂管理能力提升

1. 学生行为管理技巧

教师需要系统掌握并运用一系列学生行为管理技巧，以便妥善应对课堂内可能出现的各种挑战与突发状况。这些技巧包括但不限于建立明确的课堂规则、运用积极的激励手段、及时处理学生的问题行为。建立明确的课堂规则是维护课堂秩序的基础。规则应涵盖学生的行为规范、学习态度和课堂参与等方面，确保每名学生都能明确了解并遵守。同时，规则的制订应充分考虑学生的年龄特点和心理需求，以增强其可接受性和执行力。运用积极的激励手段是激发学生积极性和主动性的重要方法。教师可以通过表扬、奖励等方式，肯定学生的努力和进步，进而提升他们的学习动力和自我效能感。及时处理学生的问题行为对于维护课堂秩序同样至关重要，教师应具备敏锐的观察力和应对能力，及时发现并纠正学生的不良行为。在处理过程中，教师应保持公正、客观的态度，采用恰当的教育方法，引导学生认识并改正自己的错误。

2. 有效课堂组织策略

教师需要精心设计和规划每一节课的教学流程，确保课堂活动的有序进行和高效实施，这涉及教学时间的合理安排、教学目标的明确设定，以及教学内容和方法的优化选择等多个方面。合理安排教学时间是课堂组织策略中的关键环节。教师应根据课程内容和学生的学习特点，科学分配各个环节的教学时间，确保重点、难点内容得到充分的讲解和练习。同时，教师还应预留一定的时间用于学生的自主学习和互动讨论，以激发他们的思维活力和创造力。明确教学目标是确保课堂教学有针对性的重要前提。教师应根据课程标准和学生实际情况，制订具体、可操作的教学目标，并围绕这些目标展开教学活动。优化教学内容和方法是提升课堂教学质量的有效途径。教师应根据学科特点和学生需求，选择合适的教学内容和方法，注重知识的系统性和连贯性。同时，教师还应积极引入新的教学手段和资源，如多媒体教学、网络教学等，以丰富课堂教学形式，提升学生的学习兴趣和参与度。

三、专业知识更新与拓展需求

（一）学科前沿知识追踪

1. 学术研究动态关注

在教育领域，对学术研究动态的持续关注是教师专业发展的重要组成部分。鉴于教育理念的不断演变和教育技术的日新月异，教师必须保持敏锐的洞察力，时刻捕捉最新的学术研究成果。这不仅有助于教师及时调整与完善自身的教学方法和策略，而且能确保他们的教学实践始终与时代的发展步伐保持同步。通过密切关注教育研究机构、权威学术会议、在线教育平台等渠道所发布的最新研究成果，教师能够深入了解当前教育领域内的热点议题和前沿趋势。这些宝贵的信息资源不仅为教师提供了丰富的教学灵感和创新思路，而且能帮助他们更好地把握教育发展的未来方向，从而使教师能够站在时代的前沿，引领教育变革的潮流，为学生的全面发展提供更为优质、高效的教学服务。

2. 专业期刊与书籍阅读

对于教师而言，阅读专业期刊与书籍是更新专业知识、提高教育素养不可或缺的环节。这些出版物汇聚了国内外教育领域的最新研究成果和实践经验，为教师提供了宝贵的学习资源。通过定期浏览和深入阅读知名的教育专业期刊，教师可以及时获取到最前沿的教育理论、实践案例、政策动态。这不仅有助于教师拓宽知识视野，而且能激发他们对教育问题的深入思考和探索。同时，专业书籍的阅读，特别是那些经典著作和反映最新研究成果的书籍，能够帮助教师系统地构建起教育学的知识体系，深化对教育规律的理解。这种阅读行为不仅提高了教师的专业素养，而且为他们的日常教学工作提供了坚实的理论支撑和实践指导，使教师能够在面对复杂多变的教育环境时，更加自信、从容地应对各种挑战，为学生的成长和发展提供更为科学、有效的指导。

（二）跨学科知识整合

1. 多学科教学融合实践

在现代教育体系中，多学科融合教学已逐渐凸显其重要性，成为培养学生全面发展和创新能力的关键途径。通过实践多学科融合教学，教师能够帮助学生打破传统学科界限，建立起更为广泛和深入的知识联系。例如，在科学教育领域，通过融入数学、物理、化学等多个学科的知识，教师可以引导学生从多角度、多层次理解科学原理，从而提高他们的综合思维能力和问题解决能力。这种融合不仅有助于加深学生对知识的理解，而且能激发他们的学习兴趣和探索欲望，为培养创新型人才奠定坚实的基础。同时，多学科融合教学也对教师提出了更高的要求，教师需要不断更新自身知识结构，拓宽知识视野，以便更好地应对跨学科教学的挑战。

2. 综合性课程设计思路

综合性课程设计是跨学科知识整合的重要载体，其要求教师在课程设计中充分考虑多个学科的知识点和技能要求，以实现教学内容的多元化和综合性。这种课程设计思路不仅有助于提升学生的学习体验，而且能有效培养他们的综合素质和解决问题的能力。在综合性课程设计过程中，教师需要深入分析学生的实际情况和兴趣需求，以确保课程内容与学生的认知水平和发展需求相契合。同时，教师还需巧妙地将不同学科的内容和方法进行有机融合，创造出富有创意和挑战性的学习活动，从而激发学生的学习兴趣和创造力。此外，综合性课程设计还强调课程的实践性和应用性，教师应注重引导学生将所学知识应用于实际问题解决中，通过实践操作和探究学习，提高学生的实践能力和创新能力。

四、心理健康与职业倦怠应对需求

（一）教师心理压力管理

1. 压力来源分析与应对策略

（1）教学负担压力及应对

面对繁重的教学任务、备课要求及持续更新的教育内容，教师往往感到时间紧迫、任务繁重。为了有效应对这种压力，教师应采取科学合理的应对策略。一方面，合理规划教学时间显得尤为重要，通过制订详细的教学计划，分配好每个阶段的教学任务，教师可以更好地掌控教学进度，避免出现临时抱佛脚的情况；另一方面，优化教学方法也是减轻教学负担的关键。教师应不断探索适合学生的教学方式，提高教学效率，从而在保证教学质量的同时，降低个人的工作压力。此外，积极寻求教育资源和同事间的协作也是应对教学负担压力的有效途径。通过共享教学资源、交流教学经验，教师可以相互学习、共同进步，形成良好的教育生态，进而减轻个体的教学负担。

（2）学生管理挑战与策略

学生行为的多样性和管理难题往往使教师感到力不从心。为了有效应对学生管理方面的挑战，教师应采取一系列策略：首先，建立明确的课堂规则是维护课堂秩序的基础。通过制订清晰、合理的课堂规范，教师可以引导学生养成良好的行为习惯，减少课堂问题行为的发生。其次，运用积极的激励手段可以激发学生的学习兴趣和积极性。教师应关注学生的个体差异，给予他们适当的鼓励和认可，从而增强学生的自信心和学习动力。最后，与家长保持良好沟通也是应对学生管理挑战的重要环节。通过与家长共同合作，教师可以更好地了解学生的家庭背景、成长经历、个性特点，为制订个性化的管理策略提供有力支持。

（3）职业发展焦虑与规划

随着教育行业的不断变革和竞争压力的加大，教师对自身职业发展的担忧也日益加剧，为了缓解这种压力并促进个人职业成长，教师应制订明确的职业规划并付诸实践。首先，提高自身的专业素养和教育技能是关键。教师应持续学习新知识、新技能，不断完善自身的知识结构，以适应教育发展的需求。其次，积极参与教育研究和学术交流有助于拓宽教师的视野并提升职业竞争力。通过参加学术会议、撰写研究论文等方式，教师可以与同行深入交流、互相启发，共同推动教育事业的进步。最后，保持积极的心态是应对职业发展焦虑的重要方法。教师应相信自己的能力并坚定职业信念，勇敢面对挑战并努力追求个人职业目标。

2. 心理健康维护方法

（1）情绪调节与放松技巧

情绪调节与放松技巧在维护教师心理健康方面起着至关重要的作用。面对工作中的压力和挑战，教师应学会运用一系列情绪调节技巧，有效缓解紧张情绪和焦虑感。深呼吸、冥想和放松训练等技巧，能够帮助教师平复激动的情绪，减轻心理压力。通过深呼吸，教师可以降低心率，缓解紧张感；通过冥想，教师可以让自己的思维更加清晰，提高专注力；通过放松训练，教师可以使身体得到充分的放松，进而缓解疲劳和焦虑。这些技巧不仅有助于教师保持情绪稳定，提高自我控制能力，而且能使其以更加平和的心态应对各种工作场景，从而提升教学质量，提高工作效率。

（2）建立支持性社交网络

建立支持性社交网络是维护教师心理健康的另一重要方式。与同事、朋友和家人保持良好的社交关系，可以为教师提供一个情感宣泄和寻求帮助的渠道。在工作中遇到困难和挫折时，通过与他们分享经验、倾诉困扰，教师可以得到情感上的支持和理解。同时，这种社交网络还能为教师提供宝贵的建议和解决方案，帮助其更好地应对工作中的挑战。此外，通过与他人的交流互动，教师可以增强归属感和满足感，从而更加积极地面对工作和生活。

（3）定期自我评估与调整

定期自我评估与调整是保持教师心理健康的关键环节。教师应定期进行自我心理状态和工作表现的评估，以便及时发现问题并进行调整。通过深入了解自己的心理状态，教师可以更好地认识自己，发现潜在的心理问题，并采取相应的措施进行干预。同时，对工作表现的评估也有助于教师了解自己的优势和不足，从而制订更加合理的工作策略。根据评估结果，教师可以及时调整自己的工作方式和生活习惯，以保持心理健康的良性循环。自我反思和调整的过程不仅有助于增强教师的个人幸福感与工作满意度，而且能促进其专业素养的提高和职业发展。

（二）职业倦怠预防与干预

1. 职业倦怠成因剖析

职业倦怠，作为教师职业生涯中的一种常见心理现象，其成因具有复杂性和多样性。该现象的产生往往与长时间面对的高强度工作压力密不可分，这种压力可能源于教学任务的繁重、学生管理的挑战，或是教育改革带来的不断变化的要求。同时，缺乏职业成长机会也是一个重要因素。当教师感觉自己的职业发展停滞不前，或者晋升机会有限时，他们可能会对工作失去热情。此外，不佳的工作环境，如资源匮乏、管理不善、同事关系紧张等，也可能导致教师产生职业倦怠。除了外部因素之外，个人因素如自我效能感低和情绪调节能力差同样不容忽视。自我效能感低的教师可能对自己的教学能力和影响力缺乏信心，情绪调节能力差的教师则可能更容易受到工作压力的负面影响。为了有效预防和干预职业倦怠，教师需要对这些成因进行深入剖析，并明确自身在职业发展中面临的挑战和困境。

2. 积极心态培养与工作激情重塑

在面对职业倦怠时，教师应学会自我心理调适，以更加乐观、自信的态度看待工作和生活中的各种挑战。这种积极心态的培养可以通过定期参与心理健康培训、学习正面思考的技巧、实践感恩和欣赏等方法来实现。同时，为了重塑工作激情，教师应设定明确的职业目标，这不仅能为他们提供方向，而且能激发其持续前进的动力。此外，积极参与专业发展活动也是关键，如参加学术会议、研讨会、工作坊等，不仅能让教师接触到最新的教育理念和教学方法，而且能为他们提供一个与同行交流、分享经验的平台。寻求新的教学挑战同样重要，如尝试不同的教学方式、参与课程改革、开发新的教学项目等，都能为教师带来新鲜感和成就感。与此同时，与同事、学生和家长的积极互动也是缓解职业倦怠的有效途径，它能增强教师的社会支持网络并提升其工作满意度。

第三节　学校发展对教师专业能力的要求

一、教学设计与实施能力

（一）分析学情与制订教学目标

在教学设计的起始阶段，对学生学情的深入分析显得尤为重要。该步骤需要教师全面且细致地探究学生的先验知识水平、认知能力、个人兴趣及独特的学习模式。这种深入的理解是构建恰当教学目标不可或缺的基石。教师应通过对学生学习背景的洞察，精准地识别学生在知识技能上的起点，以及他们的个性化需求和发展潜力。据此，教师可以设定出既契合学生现有水平，又能有效激发其内在潜能的教学目标。这些目标还应着眼于学生的情感态度及价值观的塑造。通过设定明确、具体且具备可操作性的教学目标，教师在教学实施过程中能够更有针对性地对学生进行引导，从而显著增强教学活动的针对性和实效性。

（二）选择与设计教学内容和方法

教学内容与方法的选择和设计，无疑是教学设计过程中的核心环节。在这一过程中，教师应以学生的实际需求为出发点，以教学目标为导向，审慎选择教学内容。所选内容不仅应符合课程标准的要求，而且应有效激发学生的学习兴趣和热情。在教学方法的构思上，教师应倾向于采用启发式的教学方式，以此鼓励学生主动参与学习活动，积极探究知识，进而培养其自主学习的能力。同时，教学方法的多样性也是不可忽视的要素。教师应根据具体的教学内容和学生的个体差异，灵活运用讲解、讨论、案例分析、实验操作等多元化的教学手段，以期达到最佳的教学效果。

（三）编制与实施教学计划和教案

编制教学计划和教案，是教师将先进的教学理念转化为生动教学实践的关键步骤。在此过程中，教师需要考虑教学内容的逻辑性、教学方法的适用性、教学资源的配置、课堂管理的有效性等多个层面，以确保教学活动的流畅进行和高效达成。在实施教学计划和教案时，教师应保持高度的敏锐性和灵活性，根据学生的实时反馈及时调整教学策略，以保持课堂活动的活力和效率。同时，在设计教案时，教师应着重于培养学生的创新思维和问题解决能力，使学生在扎实掌握知识的基础上，能够进一步提高其实践操作能力和综合素质。在这一过程中，教师不仅要关注学生的知识掌握情况，而且要致力于培养学生的创新思维和解决问题的能力，以实现教育教学的全面和谐发展。通过精心编制与实施教学计划和教案，教师能够有效促进学生全面发展，实现教育教学的最终目标。

（四）运用多样化教学手段与策略

教师需要积极运用多媒体技术、网络教学资源、实验设备等现代化教学手段。这些手段能够为学生呈现更加生动、直观的教学内容，从而激发他们的学习热情。同时，采用小组合作学习、项目式学习等创新型教学策略，可以进一步促进学生的深度互动与全面参与。这些策略强调学生的主体性，鼓励他们在合作中探索知识，在项目中锻炼能力，从而有效增强其学习积极性。更重要的是，多样化的教学手段与策略不仅有助于激发学生的学习兴趣，而且能在实践中培养他们的团队协作意识、创新思维、问题解决能力，为他们的全面发展奠定坚实的基础。

（五）管理课堂与促进学生参与

为确保课堂活动的有序进行，教师必须建立一套明确且合理的课堂规则体系。这些规则应涵盖课堂纪律、互动方式、学习态度等多个方面，旨在营造一个秩序井然、氛围和谐的学习环境。在此基础上，教师还需通过积极的师生互动和精湛的提问技巧，引导学生主动参与课堂活动。有效的师生互动不仅能够增进师生间的情感联系，而且能够及时反馈学生的学习状态，从而帮助教师调整教学策略。同时，设计具有启发性和趣味性的小组讨论、角色扮演等互动环节，能够进一步提升学生的参与度，使课堂氛围更加活跃和富有成效。此外，教师还应善于运用正面的反馈和鼓励机制，及时肯定学生的努力和进步，以激发他们的学习动力和自信心。

（六）评估教学效果与调整教学方案

教学效果的评估是教学流程中不可或缺的环节，它为教师提供了改进教学方法、提升教学质量的宝贵依据。在评估过程中，教师应综合运用多种评价手段，如课堂测试、作业分析、学生反馈等，以全面、客观地了解学生的学习成效。这些评价手段不仅能够帮助教师及时发现学生在知识掌握、技能运用等方面存在的问题，而且能够揭示出学生在学习态度、兴趣偏好等方面的个体差异。基于这些评估结果，教师需要灵活调整教学方案，以满足不同学生的实际需求和发展目标。同时，教师还应深刻反思自身的教学方法和策略是否存在不足之处，思考如何加以改进以优化教学效果；通过不断的评估、调整与反思，教师能够更好地促进学生的学习和发展，实现教育教学的最终目标。

二、学科知识与更新能力

（一）掌握学科基本知识与核心概念

掌握学科基本知识与核心概念是教师职业素养不可或缺的基石。教师务必全面、深入地把握所教授学科的基础知识脉络，包括学科的基本概念、核心原理、重要定律等。对这些基础知识的精准掌握，是进行高质量、高效率教学活动的先决条件。不仅如此，教师还需对这些核心概念的内涵和外延有深刻的理解与领悟，能够在课堂上自如地讲解与演示，帮助学生筑牢学科知识的基础，并构建起严密且系统的知识体系。此外，对学科知识之间内在联系的洞察与揭示也是教师职责中的重要一环。通过引导学生发现知识之间的关联性，教师能够帮助学生形成更为系统化、结构化的学习思维，进而为培养学生的综合素养与全面发展奠定坚实的基础。

（二）深入理解学科理论体系与框架

教师需要超越对知识点的简单传授，深入到学科的内在逻辑与理论体系之中，探寻并把握学科发展的历史脉络与基本规律。这种深入的理解不仅有助于教师更为科学地组织教学内容，确保教学活动的连贯性与逻辑性，而且能够引导学生触及学科的本质与核心，从而培养他们的批判性思维与创新精神。通过深入挖掘学科理论体系与框架，教师能够站在一个更高的视角来审视教学中的种种问题，为教学质量的提升与教学效果的优化提供坚实的理论支撑和实践指导，这也是教师专业成长与发展的重要途径，有助于教师在教学实践中不断反思、总结，进而实现自我超越与提升。

（三）关注学科前沿动态与最新研究成果

在知识日新月异的时代背景下，关注学科前沿动态与最新研究成果已然成为教师保持专业领先地位的关键。学科的快速发展与不断演变要求教师必须具备敏锐的学术洞察力和前瞻性思维。通过持续关注学科领域的最新动态，教师能够及时捕捉到新的理论观点、研究方法和实践成果，从而确保自身的教学内容始终与学科发展的最前沿保持同步。所以，对前沿知识的关注和融入，不仅能够极大地丰富教师的教学资源，提升课堂的吸引力和活力，而且能够引导学生接触到最前沿的学术思想，激发他们的学习兴趣和探究热情。

（四）持续学习，更新和拓展学科知识

持续学习、不断更新和拓展学科知识，是教师职业生涯中不可或缺的组成部分。在信息化社会的浪潮下，知识更新的速度愈发加快，教师作为知识的传播者和引导者，必须牢固树立终身学习的理念。通过自学、参加专业培训、参与学术交流等多种途径，教师应不断汲取新知识、新技能，以充实和更新自身的知识储备。在这一过程中，教师既要深入挖掘学科知识的内涵，拓展其广度与深度，又要积极探索跨学科的学习与融合，以期在教学实践中能够灵活运用多元知识，提升教学效果。同时，教师还需将所学知识与实际教学紧密结合，通过不断的教学反思与经验总结，制订出更为高效的教学方法和策略，从而持续提升自身的教学水平，提高科研能力。

三、评价与反馈能力

（一）设计并实施有效评价策略

设计并实施有效的评价策略，对于教师而言，是确保教学质量、提升学生学习效果不可或缺的环节。评价策略的制订应综合考虑多方面因素，以全面评估学生的学习状况。这涵盖了对学生知识掌握程度的检测、技能运用能力的考察以及情感态度的观察。为确保评价的准确性和有效性，教师应根据所教学科的特点和学生的实际情况，制订出一套科学合理的评价标准。同时，选择适当的评价方法和工具也至关重要，如通过课堂观察来实时了解学生的学习状态、通过作业分析来掌握学生的知识运用情况、通过定期测试来检验学生的学习成果。在实施评价策略时，教师应注重过程与结果的有机结合，既要关注学生的最终学习成果，也要重视他们在学习过程中所展现出的态度、努力与进步。

（二）收集、整理和分析评价数据

在教育教学过程中，收集、整理和分析评价数据是教师科学评价学生学习情况、发现问题并改进教学的关键步骤。为了确保数据的真实性和全面性，教师应通过多元化的渠道来收集学生的学习数据。这包括但不限于课堂表现记录、作业完成情况、测试成绩等。在收集到原始数据后，教师需进行系统的整理工作，以便更好地进行后续分析。通过运用统计分析和数据挖掘等先进的技术手段，教师可以深入剖析学生的学习特点和存在的问题。这样的分析过程有助于教师揭示教学过程中的优势与不足之处，从而更准确地把握学生的学习需求。基于这些精准的数据分析，教师能够有针对性地调整和优化教学策略，进而提升教学质量和学生的学习效果。

（三）提供及时、具体和有针对性的反馈

提供及时、具体和有针对性的反馈，对于教师帮助学生改进学习、提升学习效果具有至关重要的作用。反馈作为教师与学生之间沟通的桥梁，应当紧密围绕学生的学习表现和需求展开。在给出反馈时，教师需要明确指出学生在知识掌握、技能运用等方面的优点和不足，以使学生能够清晰地了解自己的学习状况。同时，教师还应提供具体的改进建议和学习策略，帮助学生找到提升学习效果的有效途径。确保反馈的及时性是教师需

要特别注意的方面，只有及时的反馈才能让学生在第一时间了解自己的学习问题并作出相应的调整。此外，反馈的针对性也是关键。每名学生都有其独特的学习特点和需求，因此，教师需要针对学生的个体差异提供个性化指导，从而更有效地推动学生的学习进步和发展。

（四）引导学生自我评价与反思

引导学生自我评价与反思是培养学生自主学习能力、提升其学习效果的关键环节。自我评价与反思不仅有助于学生更深入地了解自身学习状况，发现优点与不足，而且能激发其内在学习动力，促进其全面发展。在这一过程中，教师应扮演引导者的角色，鼓励学生积极参与评价，指导他们掌握客观、全面的自我评价方法。通过自我评价，学生能够对自身学习过程和成果进行审视，进而明确个人学习目标，调整学习策略。同时，教师还应引导学生进行深入反思，帮助他们总结学习经验，剖析学习问题，并探索有效的解决方案。

（五）根据评价结果调整教学计划和策略

根据评价结果调整教学计划和策略，是教师实现教学持续改进、提升教学质量的核心步骤。评价结果作为教师了解学生学习状况和需求的重要途径，应被充分利用于教学的优化过程中。教师需要深入分析评价结果，准确识别学生的学习难点和兴趣点，以此为依据调整教学目标、内容和方法。具体而言，教师可以根据评价结果重新设计更贴合学生实际的教学目标，优化教学内容，以更好地满足学生的学习需求，同时改进教学方法和手段，以提升教学效果。此外，教师还应持续关注学生的学习进展和反馈，及时调整教学策略，确保教学的针对性和有效性。

四、沟通与协作能力

（一）建立良好的师生关系与沟通渠道

在教育教学的宏大体系中，建立良好的师生关系与沟通渠道不仅关乎知识的传授效率，而且深远地影响着学生的心灵成长与人格塑造。教师作为这一过程中的核心角色，应秉持真诚、尊重与理解的原则，致力于与学生构建一种互信互助的和谐关系。通过日复一日的细致交流与深度互动，教师可以更为精准地把握学生的个性化需求、独特兴趣及深藏心底的困惑，从而为他们量身打造更具针对性的教学方案。同时，建立起多元化、高效率的沟通渠道也至关重要，如定期组织的座谈会、课后设置的答疑解惑环节等，这些举措能够保障信息的双向流通，使学生在任何时刻都能感受到来自教师的深切关怀与坚定支持。

（二）准确传达信息与表达观点，确保沟通有效性

在教育教学的复杂情境中，教师准确传达信息与表达观点的能力不仅直接关乎教学内容的精准传递，而且在深层次上影响着学生的学习成效与认知发展。为了确保沟通环节的高效与顺畅，教师必须锤炼自己的语言艺术，采用清晰、简洁、富有逻辑性的表达方式，避免使用过于晦涩难懂或模糊不清的词汇，以免给学生带来不必要的认知负担。同时，教师还应充分认识到非语言沟通在信息传递中的重要作用，如肢体语言的恰当运用、面部表情的丰富变化等，这些元素都能在一定程度上增强信息的表现力和感染力。通过持续不断地提高自身的传达与表达能力，教师能够确保学生在有限的课堂时间内获得最为准确、全面的知识信息，从而为他们的全面发展奠定坚实的基础。

（三）倾听和理解他人需求与意见，积极回应

在快节奏的教学环境中，耐心聆听学生的声音、深入了解他们的学习需求、困惑、建议，对于优化教学过程、提升教育质量具有不可估量的价值。通过细致入微的倾听，教师可以更准确地把握学生的个性化需求，从而调整教学策略，使教学更加贴近学生的实际情况。同时，积极回应学生的反馈，不仅体现出教师对学生的尊重和关注，而且有助于建立起一种基于理解和信任的师生关系。这种关系的建立将进一步激发学生的学习积极性，培养他们的自信心和表达能力，为其全面发展奠定坚实的基础。因此，教师应不断锤炼自己的倾听技巧，时刻保持开放和接纳的心态，真正做到以学生为中心，用心灵去感受学生的声音，为他们的成长提供最为贴心的支持。

（四）与同事协作，共同解决问题和完成任务

教育教学工作具有复杂性和多样性，教师需要具备高度的团队合作精神，与同事们携手共进，共同面对教育教学中的难题。通过与同事的深入交流和协作，可以汇聚更多的智慧和创意，形成教育教学的强大合力。这种协作不仅有助于教学资源的共享和优化配置，而且能为学生创造一个更加丰富多彩、富有活力的学习环境。在协作过程中，教师应秉持开放、包容的态度，积极吸纳他人的宝贵意见和建议，不断完善自身的教学理念和方法。同时，教师还应注重与同事之间的情感沟通，建立起相互信任、相互支持的良好关系。通过共同努力和不懈追求，教师可以为学生提供更加优质、高效的教育服务，推动学校整体教育质量的持续提升。

五、教育科研与创新能力

（一）发现并提出教育教学中的实际问题

在教育教学实践中，发现并提出实际问题是一项至关重要的任务，其要求教师具备深厚的专业素养和敏锐的洞察力。为了实现这一目标，教师必须不断关注教育领域的最新动态，及时捕捉新的教育理念、教学方法和技术手段。同时，通过深入了解学生的学习需求和困难，教师可以更准确地把握教学过程中的痛点和难点。此外，反思自身的教学方法和效果也是不可或缺的一环，这有助于教师从自身角度出发，审视并改进教学策略。在此过程中，教师需要运用批判性思维，对教育教学中的问题进行深入剖析，以明确问题的本质和根源。

（二）设计并实施科研项目或实验方案

在教育教学领域，设计并实施科研项目或实验方案是教师进行科学探究、解决实际问题的重要途径。该过程要求教师具备扎实的科研素养和严谨的实验精神，能够明确研究目的和问题，制订合理的研究计划和实验设计。在设计阶段，教师需要充分考虑研究的可行性和创新性，确保实验方案的科学性和有效性。在实施过程中，教师应严格遵守实验规范，注重实验条件的控制，以确保数据的准确性和可靠性。同时，教师还应具备灵活应对实验过程中可能出现的问题的能力，及时调整实验方案，确保研究的顺利进行。通过科研项目或实验方案的实施，教师可以系统地探究教育教学中的规律和问题，为改进教学实践提供科学依据。

（三）收集、分析和解释科研数据或实验结果

在教育科研过程中，数据的收集、分析和解释是确保研究科学性与有效性的关键环节。教师需要掌握多种数据收集方法，如问卷调查、实地观察、实验记录等，以全面、客观地获取研究所需的数据。同时，教师还应注重数据的质量和可靠性，确保所收集的数据能够真实反映研究对象的特征和规律。在数据分析阶段，教师需要运用统计学、量化分析等方法和技术手段，对收集到的数据进行深入处理和分析。通过对比、归纳、演绎等逻辑思维方式，教师可以揭示数据背后的教育现象和问题本质，为教育决策提供科学依据。此外，教师还应具备将复杂数据以简洁明了的方式呈现出来的能力，以便更好地与他人分享和交流研究成果。

（四）撰写科研报告或论文，分享研究成果

撰写科研报告或论文，作为教师分享研究成果的主要方式，其重要性不言而喻。此过程不仅要求教师具备扎实的学术功底和严谨的研究态度，而且强调教师的学术写作能力和逻辑思维能力。在撰写过程中，教师需要清晰、准确地阐述研究问题、方法和结论，确保研究成果的全面性和客观性。同时，科研报告或论文的撰写也是教师与学术界、教育界同行进行交流和合作的重要桥梁，有助于推动教育教学理论的创新和发展。通过分享研究成果，教师可以进一步激发自身的科研热情，提高专业素养，同时也为他人提供有益的参考和借鉴。此外，这一行为还有助于营造积极的学术氛围，促进教师之间的学术交流和合作，从而共同推动教育教学领域的进步和发展。

（五）创新思维与方法，探索教育教学新路径

教师作为教育教学实践的主体，应勇于挑战传统观念，积极探索新的教学方法和手段。通过创新思维与方法的引领，教师可以更深入地挖掘教育教学中的潜在问题，提出富有创意的解决方案，从而为教育教学注入新的活力。在探索教育教学新路径的过程中，教师需要不断尝试、反思和总结，以完善自身的教学理念和实践策略。同时，这一过程也有助于培养教师的创新意识和实践能力，推动其专业素养的持续提高。通过创新思维与方法的不断运用，教师可以为教育教学领域带来更多的可能性，推动教育事业的蓬勃发展。

六、信息技术与应用能力

（一）熟练掌握基本的信息技术工具与软件

随着教育信息化的日益推进，教师对基本信息技术工具与软件的熟练掌握显得尤为重要。这种技术掌握不仅涵盖了诸如Microsoft Office等常用办公软件，而且包括各类多媒体教学软件及学生信息管理系统。通过对这些工具的深入了解和熟练运用，教师能够显著提高教学准备、课堂管理、学生评价等工作的效率。例如，利用办公软件高效地制作教案和学生成绩分析报表、借助多媒体教学软件创造出生动有趣的教学环境，以及通过学生信息管理系统实现对学生学习进度的实时跟踪与反馈。此外，鉴于信息技术的快速发展，教师需要秉持持续学习的理念，及时跟进并掌握新兴的信息技术工具与软件，以确保其教育教学工作能够与时俱进，更好地服务于学生的学习成长。

（二）运用信息技术辅助课堂教学与管理

信息技术在课堂教学与管理中的应用正逐渐成为教育改革的重要方向。通过信息技术的运用，教师可以创造出更为丰富多样的教学情境，进而有效激发学生的学习兴趣。例如，利用多媒体教学软件，教师可以展示生动的图片、视频等教学资源，帮助学生更为直观地理解抽象的知识点，从而提升教学效果。同时，信息技术也为教师的课堂管理提供了有力的支持。教师可以通过在线平台发布作业、进行实时互动，这不仅提高了教学效率，而且增强了学生的学习体验。因此，教师需要不断探索和实践信息技术的应用，以充分发挥其在课堂教学与管理中的独特优势，推动教育教学的创新发展。

（三）制作优质数字化教学资源与课件

随着数字化教学的广泛普及，制作优质的数字化教学资源与课件已经成为教师不可或缺的一项技能。这项技能不仅要求教师具备扎实的信息技术操作能力，而且要求教师根据教学内容和学生特点进行精细化的教学设计。优质的数字化教学资源与课件应当具备内容丰富、形式多样的特点，能够有效激发学生的学习兴趣，并引导他们进行深入思考。同时，教师还需关注课件的交互性和可访问性，确保所有学生都能无障碍地获取和使用这些资源。通过不断提高自身在数字化教学资源制作方面的专业素养，教师可以为学生提供更加生动、有趣且高效的学习体验，从而推动教育教学质量的全面提升。

七、职业道德与师风师德

（一）职业道德

职业道德作为教师专业能力的重要构成部分，不仅是教师个人品质的体现，更是教育事业的基石与灵魂。它要求教师具备高尚的职业道德情操，忠诚并热爱教育事业，将教育视为一种使命而非仅仅是职业。这种忠诚与热爱，体现在教师对教育工作的全身心投入，对知识的不断追求，以及对教育创新的持续探索上。教师作为学术研究的主体和知识传播者，必须严格遵守学术规范和职业道德准则。这包括但不限于：在学术研究中保持客观公正，拒绝学术不端行为，如抄袭、篡改数据等；在教学活动中坚持公平原则，对待每位学生一视同仁，不偏袒、不歧视；在学术成果发表和学术交流中，尊重他人知识产权，诚实引用，不夸大或歪曲研究成果。这些准则的遵守，不仅是对学术诚信的维护，更是对教师自身职业操守的坚守。职业道德还要求教师具备强烈的责任感和使命感。教育是一项关乎国家未来和民族命运的事业，教师作为这一事业的直接参与者，其言行举止都会对学生产生深远影响。因此，教师必须时刻保持高度的责任心，关注学生的全面发展，不仅传授知识，更要培养学生的品德、情操和独立思考能力。同时，教师还需具备批判性思维，勇于反思和批判教育实践中的问题，不断推动教育改革与进步。

（二）师风师德

师风师德作为教师职业道德的具体体现，是教师在教育教学活动中形成的职业风范和道德品质的总和。它要求教师以身作则，言传身教，通过自身的言行举止为学生树立榜样，引导学生形成良好的道德品质和行为习惯。良好的师风师德形象，首先要求教师具备高尚的品德修养。教师应具备诚实、正直、谦逊、宽容等优秀品质，这些品质不仅体现在教师的日常生活中，更渗透在其教育教学活动中。例如，教师在处理学生问题时，应秉持公正、公平的原则，不偏听偏信，不主观臆断，而是以事实为依据，以理服人。这样的处理方式，不仅能够赢得学生的尊重和信任，还能够潜移默化地影响学生，使其学会公正、客观地看待问题。师风师德还要求教师关注学生的成长和发展需求，提供个性化的指导和支持。这要求教师具备敏锐的观察力和深厚的专业素养，能够及时发现学生在学习、生活中遇到的问题，并给予有针对性的帮助。同时，教师还需具备耐心和细心，愿意倾听学生的心声，理解学生的困惑，为学生提供情感上的支持和心理上的慰藉。通过与学生建立良好的关系，教师可以更好地了解学生的学习情况和生活状况，从而更加有效地开展教育教学工作。教师不仅是知识的传授者，更是学生品德形成的引导者。教师的言行举止、工作态度、学术追求等都会对学生产生深远的影响。因此，教师必须时刻保持高度的自觉性和自律性，以自己的实际行动为学生树立榜样，引导学生树立正确的世界观、人生观和价值观。

八、国际化视野与跨文化交流能力

（一）国际化视野

国际化视野是指教师能够跨越国界，以全球视角审视和把握学术动态、教育趋势的能力。在全球化背景下，学术研究的边界日益模糊，跨国合作成为常态。因此，教师需具备以下国际化视野的具体要求：教师应持续追踪国际学术动态，了解最新研究成果与理论进展，确保自身研究始终处于国际前沿。这要求教师具备扎实的专业基础与敏锐的学术洞察力，能够迅速捕捉并吸收国际学术界的最新信息，从而为自己的研究提供新的思路与方向。教师应积极参与国际学术会议、研讨会、合作项目等，与海外学者建立广泛的学术联系。通过与国际同行深入交流，不仅可以拓宽研究视野，还能提升研究水平与国际影响力。同时，这种交流与合作也是教师展示自身学术成果、提升国际知名度的重要途径。国际化视野的拓展，不仅有助于教师个人学术水平的提升，更能为学校的国际化发展贡献力量。通过参与国际学术交流与合作，教师可以为学校引进优质教育资源，推动国际合作项目的开展，进而提升学校的整体办学水平与国际竞争力。

（二）跨文化交流能力

跨文化交流能力是教师参与国际学术交流与合作的基础。只有能够准确理解并尊重不同文化背景下的学术观点与表达方式，才能在国际学术舞台上与海外学者进行深入的对话与合作。这种能力有助于打破文化壁垒，促进学术思想的自由交流与碰撞，从而推动学术研究的深入发展。通过跨文化交流，教师可以更深入地了解不同国家和地区的文化与教育背景，从而在教学理念、教学方法等方面进行创新与改进。这种跨文化的视角有助于教师设计出更加符合国际学生需求的教学方案，提升教学质量与效果。同时，跨文化交流还能增进教师对国际学生的理解与关爱，为他们提供更加个性化的指导与支持，促进他们的全面发展。跨文化交流能力的提升，需要教师具备开放的心态、包容的精神以及不断学习的态度。教师应积极学习外语、了解外国文化习俗与社交礼仪等，以提高自己的跨文化沟通能力。同时，教师还应积极参与国际交流活动，通过实践锻炼自己的跨文化交流技巧与应对能力。

第四节　社会变迁对教师角色的新期待

一、学习的引导者和促进者

（一）激发学生对知识的兴趣与好奇心

在快速变化的社会背景下，激发学生对知识的兴趣与好奇心尤为重要。这一目标的实现需要教师精心策划并实施一系列富有创意和启发性的教学活动。通过生动有趣的课堂讲述，教师能够将抽象的知识具象化，从而引发学生对未知领域的探索欲望。此外，引入丰富的实例和前沿的科学动态，不仅可以拓宽学生的知识视野，而且可以使他们在感受科学魅力的过程中，自然而然地产生对知识的浓厚兴趣。为了进一步强化学生的好奇心，教师应当注重教学环境的营造，创造一个鼓励提问、倡导批判性思维的课堂氛围。在这样的环境中，学生不仅能够勇于表达自己的观点和疑问，而且能够在教师的引导下，逐步学会如何自主寻找答案、解决问题。

（二）指导学生掌握有效的学习方法与策略

指导学生掌握有效的学习方法与策略，是教师提高学生学习效率、培养其自主学习能力的重要途径。教师需要深入了解学生的学习特点和需求，进而为他们提供量身定制的学习建议，包括指导学生如何制订合理的学习计划，以确保学习活动的有序进行；如何运用记忆技巧，以提升对知识的记忆和理解效果；如何进行时间管理，以优化学习过程的整体效率。除此之外，教师还应鼓励学生积极尝试多元化的学习策略。通过不断尝试和调整，学生能够找到最适合自己的学习方法，从而在提升学习效果的同时，也锻炼了自我调整和优化能力。这种能力的培养对于学生未来的学术发展和职业生涯都具有重要意义。因此，教师在指导学生掌握学习方法与策略的过程中，应注重培养学生的自主学习意识和能力，使他们在面对不断变化的学习环境和挑战时能够游刃有余、从容应对。

（三）帮助学生建立自主学习与终身学习的意识

在信息化时代的浪潮下，自主学习与终身学习的能力已经成为个体发展的核心竞争力。教师作为学生成长道路上的重要引导者，肩负着帮助学生建立这一意识的重任。为了实现这一目标，教师需要从多个维度出发，构建一个全方位、立体化的学习支持体系。一方面，教师可以通过引导学生设定明确的学习目标，激发他们的学习动力。目标设定不仅有助于学生明确学习方向，而且能促使他们在实现目标的过程中不断自我激励、自我超越。另一方面，教师还应致力于培养学生自我监控的学习习惯。通过引导学生定期反思自己的学习进度、调整学习策略，教师能够帮助他们逐步建立起自主学习的能力。同时，提供多样化的学习资源也是关键一环。教师可以利用现代信息技术手段，为学生提供丰富、便捷的学习资源，满足他们个性化的学习需求。在强调自主学习的基础上，教师还应向学生灌输终身学习的理念，通过阐述终身学习对个人成长和社会发展的重要意义，教师可以鼓励学生将学习视为一种持续不断的过程，贯穿人生的各个阶段。

（四）跟踪学生学习进度，提供个性化的辅导与支持

鉴于每名学生的学习进度和需求具有独特性，教师需要实施精细化的教学管理策略。通过跟踪学生的学习进度，教师能够准确把握他们在学习过程中的动态变化，为后续的辅导和支持提供有力依据。为了实现这一目

标，教师可以采用定期评估的方式，对学生的学习成果进行全面、客观的评价。评估结果不仅能够反映学生在知识掌握、技能运用等方面的实际情况，而且能够帮助教师发现学生在学习过程中存在的问题和困难。个性化的辅导与支持是提升学生学习效果的关键环节。教师可以通过一对一的辅导、小组讨论、在线互动等多种方式，为学生提供针对性的指导和帮助，这不仅能够帮助学生解决学习上的具体问题，而且能够使他们在教师的关怀和支持下感受到学习的温暖与力量；同时，教师还可以鼓励学生积极参与学习反馈过程，主动表达自己的学习感受和需求。

二、行为规范的示范者

（一）展示高尚的教师职业道德与操守

教师职业道德与操守涵盖了坚守诚信、勤勉尽责、公正无私等诸多方面，这些品质共同构成了教师职业精神的基石。在教育教学过程中，教师不仅传授知识，而且通过自身的言行传递价值观念，对学生产生潜移默化的影响。教师的诚信品质体现在对待教学工作的严谨态度上，不敷衍塞责，不弄虚作假。他们勤勉尽责，全身心投入教育事业，以高度的责任心对待每一名学生。同时，教师公正无私的精神，确保了教育资源的公平分配，让每名学生都能得到应有的关注与指导。在备课、授课及课后辅导等环节中，教师始终保持着极高的敬业精神，通过展示高尚的职业道德与操守，教师成为学生成长道路上的重要引路人。

（二）遵守学校规章制度，树立正面榜样

遵守学校规章制度是教师行为规范的重要组成部分，也是树立正面榜样的关键环节。学校规章制度涵盖了作息时间、教学管理、学生评价等多个方面，是维护校园秩序、保障教育质量的重要基石。作为教师，严格遵守学校规章制度是其职业责任。他们通过自身的遵守行为，向学生传递出尊重规则、维护秩序的重要信息。这不仅有助于塑造学生良好的行为习惯，而且能在学生心目中树立起一个遵守纪律、认真负责的正面形象。在教育教学实践中，教师始终将遵守规章制度作为行为准则。他们按时到校、认真备课、规范授课，确保教学工作的有序进行；同时，教师还积极

参与学校组织的各项活动，遵守活动规则，为学生树立榜样。

（三）在日常行为中传递积极向上的价值观

在日常行为中，教师承载着传递积极向上的价值观的重要使命，这些价值观，如尊重多元、追求卓越、勇于担当等，不仅是学生学术发展的驱动力，而且是塑造他们世界观、人生观、价值观的关键因素。在课堂上，教师通过精心设计的讲述，不仅传授知识，而且在无形中传递着对多元文化的尊重和包容。他们鼓励学生探索不同观点，培养批判性思维，从而使学生更加理解与接纳不同的文化和观念，同时，教师对卓越的追求也深深感染着学生，激发他们不断挑战自我，追求卓越成就。在师生互动中，教师更是以身作则，展现出勇于担当的精神，他们面对困难和挑战时，积极寻求解决方案，不逃避、不推诿，这种勇于担当的态度让学生深刻理解到责任与担当的重要性，从而培养他们的责任感和使命感。

（四）引导学生养成文明礼貌、尊重他人的习惯

在教育过程中，教师始终强调尊重师长、友爱同学的重要性，通过具体案例和情景模拟，帮助学生理解并实践这些价值观。同时，教师还在课堂上和日常交往中不断纠正学生的不文明行为，引导学生学会在公共场合保持文明举止。除了直接的教育引导之外，教师还关注学生的社交技能培养。教师通过组织小组活动、角色扮演等互动形式，帮助学生提高与人沟通、合作的能力。这些实践活动不仅让学生学会了如何与他人建立良好的人际关系，而且增强了他们的团队协作意识和集体荣誉感。

三、班集体的管理者

（一）制订并执行班级规则与纪律要求

随着学校管理的日益规范化，制订并执行科学合理的班级规则与纪律要求，成为教师维护教育秩序、促进学生自主养成良好行为习惯的基石。教师需深入洞察学生，依据其年龄特征、心理发展阶段及班级实际情况，精心设计既具约束力又富有教育意义的规则体系。对于低年级学生，规则应简洁明了，如按时到校、专心听讲、礼貌待人等，旨在帮助他们建立基本的行为规范。而对于高年级学生，规则应更注重自我管理能力的培养，

如自主学习、团队合作、尊重多元观点等，鼓励他们成为自我驱动的学习者。在执行过程中，教师应秉持公正严明的原则，确保规则的权威性和不可侵犯性。通过正面激励与适当惩罚相结合的方式，既表扬遵守规则的学生，也对违规行为进行及时纠正，引导学生树立正确的规则意识。

（二）营造积极向上的班级文化与氛围

班级文化作为班级的灵魂，对学生精神世界的塑造具有深远影响。教师应致力于营造积极向上的班级文化与氛围，使之成为班级凝聚力和向心力的源泉。通过树立榜样，教师可以激励学生向优秀看齐，形成正面的价值导向。无论是学习成绩优异的学生，还是在品德、艺术、体育等方面有突出表现的学生，都可以成为班级中的榜样，激励其他同学不断进取。此外，开展富有教育意义的班级活动也是营造良好班级文化的重要途径，如主题班会、文艺汇演、志愿服务等。这些活动不仅能够丰富学生的课余生活，还能在实践中培养他们的团队协作精神和社会责任感。

（三）协调学生之间的关系，促进团结协作

在班集体中，学生之间的关系是否和谐，直接关系到班级的整体氛围和学生的学习状态。教师应具备高超的沟通协调能力和团队协作精神培养能力，密切关注学生间的日常互动，及时发现并化解矛盾冲突。当学生之间出现矛盾时，教师应秉持公正、中立的态度，引导学生换位思考、增进理解。通过组织"握手日"等活动，让学生面对面地解决矛盾，学会宽容和谅解。同时，教师还应注重培养学生的团队协作精神，通过小组合作学习、团队拓展训练等方式，让学生在实践中学会相互尊重、信任与支持。这些活动不仅能够增进学生之间的友谊，还能提升他们的沟通能力和解决问题的能力。

（四）组织丰富多样的班级活动与课外拓展

班级活动与课外拓展是丰富学生课余生活、拓宽认知视野的重要途径。教师应充分调研学生的兴趣爱好和实际需求，结合教育目标和班级特点，精心策划与组织丰富多样的班级活动与课外拓展。

在活动策划上，教师应注重创新性和实践性，鼓励学生积极参与、主动探索。如组织科学小实验、社会调查、文化体验等活动，让学生在实践中增长知识、锻炼能力。同时，教师还应注重活动的教育意义，通过活动培养学生的社会责任感、创新精神和实践能力。

在活动实施过程中，教师应注重培养学生的自主性与创造性。鼓励学生自主策划、组织和实施活动，让他们在实践中锻炼自己的领导能力和团队协作能力。同时，教师还应注重活动的总结和反馈，及时对学生的表现进行评价和指导，帮助他们不断提升自我。

四、学生心理健康的维护者

（一）关注学生的心理需求与情感变化

在教育教学过程中，深入关注学生的心理需求与情感变化，是教师不可或缺的职责之一。学生作为独立的个体，其心理世界充满了复杂性和多样性，这就要求教师必须具备敏锐的洞察力和深厚的心理学素养，以准确地捕捉学生的内心动态。通过日常的观察、交流及运用专业的心理评估工具，教师可以更全面地了解学生的需求、期望和情感状态，从而为他们提供更为精准的教育支持。同时，尊重学生的个体差异、理解他们的情感反应，也是建立师生信任关系、营造和谐教育环境的关键。只有在充分了解和尊重的基础上，教师才能更好地引导学生面对挑战、解决困惑，促进他们的心理健康和全面发展。

（二）提供心理咨询与支持，帮助学生缓解压力

随着社会竞争的加剧和教育环境的变化，学生面临的心理压力日益增大。因此，提供及时有效的心理咨询与支持，帮助学生缓解压力、增强心理韧性，显得尤为重要。作为教师，应掌握基本的心理咨询技巧和方法，以便在必要时为学生提供专业的心理援助。通过倾听、引导、反馈等咨询过程，教师可以帮助学生认清问题的本质、探索解决之道，并培养他们的自我调节能力和应对挑战的勇气。此外，教师还应积极整合学校和社会资源，构建全方位的心理支持体系，如定期举办心理健康讲座、开设心理辅导课程、推荐专业的心理咨询机构等。

（三）引导学生建立积极的心态与情绪管理能力

在心理健康教育中，引导学生建立积极的心态与情绪管理能力至关重要。教师可以通过多元化的教学方法，如课堂教学渗透与个别辅导相结合，向学生深入传授积极心理学的核心理念与实践方法。在这一过程中，

教师应着重帮助学生构建乐观向上的生活态度，使他们能够在面对困境时保持坚韧不拔的精神。此外，教会学生如何准确识别并妥善处理负面情绪，如焦虑、抑郁等，也是不可或缺的一环。为此，教师可以引导学生学习并实践放松训练、自我暗示、情绪调节等实用技巧。通过这些系统的训练，学生能够更好地应对生活中的各种挑战和压力，从而维护自身的身心健康，实现个人的全面发展。

（四）定期组织心理健康教育活动，提高学生的心理素质

为了全面提高学生的心理素质，教师需要精心策划并定期组织多样化的心理健康教育活动，涵盖心理健康讲座、心理剧表演、团体心理辅导等，旨在通过生动有趣的方式，使学生在轻松愉快的氛围中自然而然地获取心理健康知识，实现自我成长。通过这些丰富多彩的活动，学生不仅能够更加深入地了解心理健康的重要性，而且能够在实际参与过程中切实提高自身在自我认知、人际交往、情绪管理等方面的能力。更重要的是，这些活动在有效预防和减少学生心理问题方面发挥着积极作用，为学生的全面发展和未来的幸福生活奠定坚实的基础。

五、学生成长的合作者

（一）与学生建立良好的师生关系，促进沟通交流

教师应积极致力于与学生构建一种亲密且充满信任的关系，这种关系的建立需要通过频繁的日常互动与深入交流来实现。在这一过程中，教师应细心聆听学生的声音，洞察他们的思想动态和学习需求，以此作为调整教学策略的依据。亲密的师生关系能够有效消除学生的畏惧心理，营造出一个开放、包容的学习氛围。在这样的环境中，学生更乐于向教师表达内心的想法和感受，分享自己的困惑与喜悦。同时，通过与学生保持积极的沟通交流，教师可以更准确地把握学生的个体差异和学习状态，从而进行更具针对性的教学与辅导。这不仅有助于提升教学质量，而且能为学生的全面发展提供有力支持。

（二）了解学生的兴趣爱好与特长，提供个性化指导

在教育实践中，充分了解并尊重学生的兴趣爱好与特长，是实现个

性化教育的重要前提。每名学生都拥有独特的个性和潜能，这些特质构成了他们个性发展的核心。作为教师，应通过深入观察和交流，全面把握每名学生的特点，包括他们的兴趣、爱好及擅长的领域。在尊重学生个性差异的基础上，教师应根据这些信息为学生提供量身定制的个性化指导。这种指导方式旨在激发学生的学习兴趣和内在动力，使他们在自己热爱的领域中获得更深的探索和发展。通过个性化的教育引导，教师不仅能够帮助学生发掘自身的潜能，而且能够助力他们在各自擅长的领域取得卓越的成绩，从而培养自信心和成就感。

（三）鼓励学生参与课外活动与社会实践，拓宽视野

课外活动与社会实践在学生全面发展中占据着举足轻重的地位，这些活动不仅为学生提供了将理论知识应用于实际的机会，而且是他们拓宽视野、增长见识的重要途径。作为教师，应积极倡导并鼓励学生参与多样化的课外活动与社会实践，让学生从中汲取丰富的经验与知识。通过亲身参与，学生能够更深入地了解社会运作的机理，增强社会责任感，并在实践中不断锤炼自己的实际操作能力与问题解决能力。此外，课外活动与社会实践还有助于学生发掘自身的潜在兴趣和优势，为日后的职业规划和人生道路选择提供有力的指引。因此，教师应给予学生充分的支持与指导，确保他们能从这些宝贵的经历中获得最大的成长与进步。

（四）与家长保持密切联系，共同关注学生的成长进步

家校合作是促进学生健康成长不可或缺的一环，教师与家长作为学生成长过程中的两大重要支持者，应建立并保持密切的联系与沟通机制。通过定期的交流与分享，教师能够及时了解学生在家庭环境中的表现、需求及所面临的挑战，从而更准确地把握学生的个体差异与成长动态。同时，家长也能从教师处获取关于学生学习进展、行为习惯、社交能力等方面的专业反馈与建议。这种双向的信息流通有助于教师与家长共同制订更贴合学生实际的教育策略，形成教育合力，共同促进学生的全面发展。此外，家校之间的紧密合作还能为学生营造更加稳定、和谐的支持环境，增强他们的安全感与归属感，为其健康成长奠定坚实的基础。

第三章 基于胜任力的教师培训

第一节 胜任力与教师培训的关系概述

一、胜任力的概念及重要性

（一）胜任力的概念

胜任力体现的是个人在特定工作岗位上取得卓越绩效所必备的综合素质。它并非仅仅局限于某一方面的能力或技能，而是涵盖了知识、技能、态度和价值观等多个维度。在教师职业中，胜任力显得尤为重要。它不仅是教师完成教学任务、达成教学目标的基础，更是衡量教师专业水平、决定其教育影响力的关键因素。具体来说，教师的胜任力涵盖了教学设计的能力，即如何根据学生的特点和需求，科学合理地规划教学内容和方法；课堂管理的能力，即如何营造一个积极、有序的学习环境，确保教学活动的顺利进行；学生评估的能力，即如何准确、全面地评价学生的学习成果，为其提供个性化的学习建议；沟通技巧和专业发展的能力，即如何与家长、同事有效沟通，以及不断追求自我提升和专业成长。这些综合素质共同构成了教师胜任力的核心，是推动教育事业持续发展的重要力量。

（二）教师胜任力的重要性

1. 提升教学质量

在教育这片广袤的领域中，教师扮演着知识传播者与心灵启迪者的角色，而胜任力则是他们手中得力的武器与宝贵的资源。具备高度胜任力的教师，能够精准地把握教学内容的核心与拓展边界，深知哪些知识是构成学生知识体系的基石，哪些又是能够激发学生探索未知的拓展点。这种深刻的洞察力，使他们能够设计出既符合课程标准要求，又贴近学生实际需求的教学方案，从而有效提升教学质量。在教学方法的选择上，胜任力强的教师展现出极高的灵活性与创新性。他们能够根据教学内容的特点和学生的个体差异，恰当地运用讲授、讨论、实验等多种教学方法，使课堂充满活力与趣味，充分激发学生的学习兴趣和主动性。他们不仅注重知识的传授，更重视培养学生的思维能力、问题解决能力和自主学习能力，致力于培养学生的综合素质。

2. 促进学生发展

教育的终极目标是促进人的全面发展，而胜任力强的教师正是学生成长道路上的指引者，为他们照亮前行的道路。这些教师深知，知识的传授只是教育的一部分，更重要的是培养学生的综合素质和能力。他们注重培养学生的批判性思维，鼓励学生勇于质疑、敢于探索，学会独立思考、理性分析，不盲目迷信权威。创新能力是胜任力强的教师尤为重视的素养。他们通过设计富有挑战性的学习任务、组织丰富多彩的课外活动等方式，激发学生的创造力和想象力，让学生在实践中学习、在创新中成长。这种对创新能力的重视和培养，不仅有助于学生在未来的学习和工作中脱颖而出，更对他们的人生产生深远的影响，使他们成为具有创新精神和实践能力的人才。

3. 增强教师职业满意度

胜任力强的教师具备扎实的专业知识和技能，能够灵活应对各种复杂的教学情境，有效应对工作中的挑战和困难。同时，他们还拥有良好的心态和情绪管理能力，能够保持积极向上的心态，以乐观的态度面对工作中的挫折和失败。这种自信和从容，使他们在工作中游刃有余，生活中也会更加幸福和满足，增强了他们的职业满意度和归属感。更重要的是，胜任力强的教师能够获得同事、学生和家长的广泛认可和尊重。他们的专业素养和教学成果得到了高度的赞誉和肯定，这种来自外界的认可和支持，进一步增强了他们的职业自豪感和荣誉感。在这种积极的工作氛围中，他们能够更加全身心地投入教学中，享受教书育人的乐趣和幸福。

4. 推动教育改革与创新

在当今这个日新月异的时代，教育改革与创新势不可挡。而胜任力强的教师，正是这一进程中的推动者和实践者。他们具备开放的心态和前瞻性的视野，能够敏锐地捕捉教育发展的新趋势和新动向，积极拥抱变革，勇于尝试新的教学理念和方法。胜任力强的教师不仅在教学实践中勇于创新，还具备较强的科研能力和学术素养。他们能够结合自己的教学实践，进行深入的研究和探索，为教育改革提供有力的理论支撑和实践经验。他们的研究成果和创新实践，不仅促进了自身的专业成长，还为其他教师提供了宝贵的借鉴和参考，推动了整个教师队伍素质的提升和教育事业的进步。

二、胜任力与教师培训的关系

（一）胜任力是教师培训的目标导向

1. 培训内容的制订依据

胜任力作为教师培训的核心目标，直接指导着培训内容的制订。教育培训机构或学校需要首先明确教师所需的胜任力要素，这些要素可能包括专业知识、教学技能、课堂管理、学生心理辅导等多个方面。基于这些胜任力要素，培训者可以设计出针对性的培训课程，确保培训内容与教师实际需求相契合，从而有效提升教师的胜任力。例如，针对新入职教师，培训内容可能更侧重于教学基本技能和课堂管理技巧；而对于经验丰富的教师，则可能更注重教育理念的更新和高级教学方法的掌握。这种差异化的培训内容制订，正是基于胜任力的目标导向来实现的。

2. 培训方式的选择原则

不同的胜任力要素可能需要采用不同的培训方式。例如，对于教学技能的提升，可以通过模拟课堂、教学观摩和微格教学等方式进行实践训练；对于教育理念的更新，则可以通过专家讲座、学术研讨和阅读经典著作等方式进行理论学习。培训者应根据教师的实际需求和胜任力要素的特点，灵活选择培训方式，确保培训效果的最大化。同时，还应注重培训方式的创新性和互动性，激发教师的学习兴趣和参与度，从而提高培训的有效性。

（二）胜任力为教师培训提供评价标准

1. 量化评价指标的制订

通过明确教师胜任力的具体指标，可以为教师培训提供可量化的评价标准。这些指标可以包括教师的教学成绩、学生评价、同行评价、教学创新等多个方面。培训者可以根据这些指标来评估教师在培训前后的变化，从而准确判断培训效果。

量化评价指标的制订需要充分考虑教师的实际工作情况和培训目标，确保指标的科学性和可行性。同时，还应注重指标的全面性和客观性，避免主观因素和片面性对评价结果的影响。

2. 培训策略的及时调整

基于胜任力的评价标准，培训者可以及时发现教师在培训过程中存在的问题和不足，从而及时调整培训策略。例如，如果发现教师在教学技能方面存在明显短板，培训者可以增加相关实践训练的内容和时间；如果教师在教育理念方面需要更新，培训者则可以加强理论学习的力度和深度。通过及时调整培训策略，培训者可以确保培训内容与教师实际需求的紧密契合，从而提高培训的有效性和针对性。同时，这也有助于教师更好地掌握所需的知识和技能，提升自己的胜任力。

（三）教师培训是提升胜任力的有效途径

1. 系统培训提升专业素养

通过系统的培训，教师可以学习到最新的教育理念、教学方法和技术手段。这些新知识和新技能有助于教师不断更新自己的知识体系，提升自己的专业素养。同时，系统培训还可以帮助教师拓宽视野，了解国内外教育发展的最新动态和趋势，从而更好地适应教育改革和发展的需求。系统培训通常包括理论学习、实践训练、案例分析等多个环节。这些环节相互衔接、相互补充，共同构成了一个完整的培训体系。通过这个体系的学习和训练，教师可以全面提升自己的胜任力，更好地履行教学职责。

2. 实践环节促进理论与实践结合

通过实践训练，教师可以将所学知识应用于实际教学中，实现理论与实践的有机结合。这有助于教师更好地理解和掌握所学知识，提高自己的教学能力和水平。实践环节可以包括模拟课堂、教学观摩、教学实习等多种形式。这些形式可以为教师提供真实的教学场景和情境，让教师在实践中不断尝试和探索新的教学方法和手段。同时，实践环节还可以帮助教师发现自己的不足之处和需要改进的地方，从而有针对性地进行学习和提升。

第二节　胜任力模型构建

一、教师胜任力模型构建的背景与意义

胜任力模型，这一源于人力资源领域的理念，原本旨在评估劳动力绩效的标准化工具，在教育领域中展现了其独特的价值和重要性。这一模型的应用不仅是对传统以知识为核心、单一评价指标体系的深刻反思，而且是对其局限性的实质性突破。它转变了评价焦点，从单纯的知识掌握程度扩展到了对教师个体特质及其在教学实践中具体表现的全面考量。这种转变标志着教育领域对于教师评价标准更加全面和科学的探索。通过构建教师胜任力模型，能够更加精准地识别和评价教师在多个维度上的能力表现，包括但不限于教学技巧、课堂管理能力、学生互动方式以及专业素养等。这种多维度的评价方式不仅有助于全面了解教师的综合能力，而且能准确地反映出教师在实际教学工作中的表现。因此，胜任力模型在教育领域的应用，实质上增强了对教师能力的评估准确性和深度。

进一步来说，教师胜任力模型的构建对于提高学校教师队伍的整体素质具有显著意义。这一模型不仅为教师提供了一个清晰的能力提高方向，而且有助于学校管理层更有针对性地进行教师的选拔、培养和评价。通过这一模型，学校可以更加科学地制订教师的专业发展计划，确保培训内容和方向与教师的实际需求紧密相连。此外，在教师的招聘过程中，胜任力模型也提供了一个全面而具体的参考框架，帮助招聘者更加准确地识别和选拔出具备所需胜任力的候选人。在资格评定方面，该模型同样能够提供一个更为客观、全面的评价标准，使得评定结果更加公正和准确。同时，对于教师培训而言，胜任力模型可以作为一个指导性的工具，帮助设计更加贴合教师实际需求的培训内容，从而提升培训效果。

二、教师胜任力模型构建的方法

（一）行为事件访谈法

行为事件访谈法侧重通过引导被访谈者详尽描述其在教学实践或日常管理工作中所遭遇的关键性事件，尤其是那些具有显著成功标志或明显失败特征的事件，深入挖掘并剖析这些事件背后所蕴含的深层次信息。在这一过程中，分析者不仅关注事件本身的发展脉络和最终结果，而且注重探究被访谈者在事件处理过程中所展现出的态度、技能、知识以及应对策略。通过对这些成功与失败案例的细致剖析，分析者能够提炼出一套鉴别高绩效教师与一般绩效教师的标准化准则。这些准则不仅涵盖了教师在教学方面的专业素养和技能水平，而且涉及教师在面对复杂教育情境时所展现出的问题解决能力、决策能力、情绪管理能力等多个方面。这种全方位、多维度的评价方式有助于更准确地揭示高绩效教师与一般绩效教师之间的本质差异。

通过将被访谈者所描述的事件进行横向与纵向的对比，分析者能够识别出那些在高绩效教师身上普遍存在，而在一般绩效教师身上相对缺失的关键特征。这些关键特征正是构成教师胜任力模型的重要基石。它们不仅为教师个人的职业发展提供了明确的方向和目标，而且为学校和教育机构在教师的选拔、培养、评价、激励等方面提供了有力的依据和支持。此外，行为事件访谈法还具有高度的灵活性和适应性。它可以根据不同的教育环境、教学岗位、教师群体的特点进行个性化的调整和优化，从而确保所构建的教师胜任力模型既具有普遍性，又能够充分体现出特定情境下的特殊要求。这种方法的应用无疑将推动教师胜任力研究的深入发展，并为提高教师队伍的整体素质、提升教学质量作出积极的贡献。

（二）问卷调查法

问卷调查法通过精心设计与教师胜任力特征紧密相关的问卷题项，针对广大教师群体或学生群体进行系统的调查。这种调查方式旨在收集关于教师在教学、管理、专业素养、个人特质等多个方面的数据，进而通过对这些数据的深入分析，构建并验证出科学、合理的教师胜任力模型。问卷调查法的优势在于其操作的简便性和数据收集的高效性。通过标准化的问卷设计，可以系统地收集到大量关于教师胜任力的相关信息，这些数据不仅为教师胜任力模型的构建提供了丰富的素材，而且有助于揭示教师群体在胜任力方面的共性与差异。同时，面向不同群体（教师、学生）的调查，可以从多个角度全面反映教师的胜任力状况，增强模型的准确性和可靠性。

然而，问卷调查法的有效性和可靠性在很大程度上取决于问卷设计的质量与数据处理的准确性。问卷设计需要充分考虑教师胜任力的各个维度，确保题目选项的全面性、针对性和科学性。同时，数据处理过程中也需要采用恰当的分析方法，以准确提取和解读数据中的信息，避免误导性的结论。因此，在应用问卷调查法构建教师胜任力模型时，应注重问卷设计的严谨性和数据处理的精确性。通过不断优化问卷设计、提升数据收集和分析的质量，可以更加科学地验证和构建出反映教师真实胜任力状况的模型，从而为教师的选拔、培养、评价、专业发展等提供有力的支持。此外，随着统计技术和数据分析方法的不断进步，问卷调查法在教师胜任力模型构建中的应用将更加广泛和深入，为推动教师队伍建设和教育质量的提升发挥更大的作用。

（三）层次分析法

层次分析法作为一种结构化、层次化的决策工具，将原本复杂且多维度的教师胜任力问题，拆解为若干个相对独立又相互关联的层次或因素，使得整个评价过程更为系统和有序。在教师胜任力模型的构建过程中，层次分析法可将教师的胜任力细化为多个维度，如教学技能、课堂管理、学生互动、专业知识等，并将这些维度视为不同层次的分析目标。通过深入剖析每个层次内的关键因素，可以更精确地理解每个胜任力维度对教师整体胜任能力的具体贡献。更重要的是，层次分析法通过赋予不同因素以相应的权重，能够科学地量化各个胜任力维度的重要性。这种权重的分配不仅反映了各因素在教师胜任力中的相对重要性，而且提供了一种综合评估教师胜任力的量化手段。在权重的确定过程中，可以综合运用专家咨询、数据分析等多种方法，以确保权重的科学性和合理性。最终，通过层次分析法，能够计算出每位教师在各个胜任力维度上的得分，进而得出一个综合胜任得分。这个得分不仅是对教师胜任力的一个全面、系统的评价，而且为学校管理层提供了有力的决策支持，如在教师的选拔、培训、评价、激励等方面。

三、教师胜任力模型的内容维度

（一）专业知识与技能

专业知识与技能构成教师胜任力的核心基石，涵盖多个层面。教师所教学科的专业知识是不可或缺的，它确保教师能够准确、深入地把握学科内容，从而为学生提供科学、系统的知识传授。这种专业知识不仅要求教师对本学科的基本理论和概念有透彻的理解，而且包括对学科前沿动态和发展趋势的敏锐洞察。此外，教育学与心理学知识在教师胜任力中同样占据重要地位。教育学知识帮助教师理解教育的本质、目的和方法，为教师提供科学的教育理念和教学实践的指导。心理学知识则使教师能够深入了解学生的心理特点、学习需求和发展规律，从而更有针对性地设计教学内容和教学方法，有效促进学生的学习和发展。教学技巧作为教师专业知识与技能的重要组成部分，对于提升教学效果具有至关重要的作用。它包括课堂管理技巧、教学方法选择与应用、学生互动与激励等多个方面。优秀的教师能够灵活运用各种教学技巧，创造出积极、和谐的课堂氛围，激发学生的学习兴趣和主动性，从而实现高效的知识传授和能力培养。

（二）专业态度与价值观

专业态度与价值观是教师胜任力中最为本质和核心的部分，它们深深植根于教师的职业精神和教育信仰之中。这种态度和价值观不仅体现了教师对教育事业的深厚热爱，而且彰显了教师对学生成长的深切关怀及对高质量教学的不懈追求。教师的专业态度是其职业行为的基础和导向，表现为教师对教育工作的敬业精神和责任感，这种精神和责任感驱使教师不断自我完善，以更好地履行教书育人的职责。一个具备良好专业态度的教师，能够以身作则，为学生树立积极向上的榜样，传递正能量，激发学生的学习热情。教师的价值观则是对教育目标、教学理念和学生发展的根本看法与态度。它指导教师在教学实践中作出价值判断和选择，确保教学活动始终围绕学生的全面发展展开。教师的价值观还体现在其对学生个体差异的尊重和理解上，能够因材施教，关注每名学生的成长需求，促进学生的个性化发展。当教师持有积极的专业态度与正确的价值观时，他们会更加自觉地追求教学质量的提升，不断探索教育教学的新理念、新方法。这种内在的动力和追求，使教师能够持续进步，不断提升自己的教学水平，为学生的全面发展提供有力支持。

（三）教育教学能力

教育教学能力是教师胜任力中至关重要的组成部分，它涵盖了多个方面，共同构成了教师有效实施教学活动的关键要素。首先，教学设计能力是教师根据教学目标和学生特点，制订合理教学方案的能力。这要求教师能够深入分析教材内容，准确把握教学重难点，同时结合学生的实际情况，设计出符合学生认知规律和学习需求的教学流程。课堂组织能力是教师在实际教学过程中，对课堂环境、学生行为、教学节奏进行有效管理的能力。一个优秀的教师应该能够营造出积极、和谐的课堂氛围，激发学生的学习兴趣和参与度，同时灵活应对各种突发情况，确保教学活动的顺利进行。此外，学生评价能力也是教育教学能力中不可或缺的一环。它要求教师能够运用科学、客观的评价方法，对学生的学业成绩、学习态度、综合能力进行全面、准确的评估。这不仅有助于教师及时了解学生的学习状况，调整教学策略，而且能为学生提供有针对性的反馈和指导，促进其全面发展。

（四）自我发展能力

自我发展能力作为教师胜任力的重要组成部分，体现了教师在职业生涯中持续学习、不断进步的能力与追求。这种能力不仅涵盖了教师个体对专业知识的更新与拓展，而且包括其在教学技能、教育理念、适应教育改革等方面的全面提升。具备自我发展能力的教师，能够深刻理解教育领域的动态变化，对新兴教学理念和技术保持敏锐的洞察力。他们不满足于现有的知识水平，而是积极主动地寻求学习机会，通过参加专业培训、阅读学术文献、与同行交流等方式，不断更新自己的知识结构，确保自己始终站在教育前沿。同时，教师还注重提升教学技能，不断探索与尝试新的教学方法和手段。他们能够将先进的教育理念融入教学实践，提升教学效果，促进学生的全面发展。在面对教育改革时，他们能够快速适应新环境，调整教学策略，确保教育教学的连续性和有效性。此外，自我发展能力还体现在教师对自身职业生涯的规划和管理上。他们能够根据自己的兴趣、特长和教育需求，制订明确的发展目标，并付诸实践。这种自我驱动的发展意识使教师在职业生涯中始终保持积极向上的态度，不断追求卓越。

四、教师胜任力模型在教育实践中的应用

（一）教师招聘与选拔

教师胜任力模型通过系统地界定和明确教师胜任力的关键特征，包括专业知识与技能、专业态度与价值观、教育教学能力、自我发展能力等多个维度，为学校提供了一种科学、全面的评估工具。借助这一模型，学校能够更加精准地识别和筛选出那些具备所需胜任特质的应聘者。这不仅能提高招聘过程的效率，增强准确性，而且能在源头上保障教师队伍的整体素质。通过对应聘者在各项胜任力特征上的表现进行细致评估，学校可以确保所选拔的教师不仅具备扎实的专业基础，而且拥有积极的教育态度、高效的教学能力，以及不断自我更新的发展潜力。

这种基于胜任力模型的招聘与选拔方式，不仅体现了现代教育对教师专业素养的全面要求，而且反映了学校对提升教育质量的深刻追求。它有助于学校构建一支高素质、专业化的教师队伍，从而为学生提供更优质的教育服务，推动学校的整体发展和教育质量的持续提升。此外，教师胜任力模型的应用还具有深远的社会意义。通过提升教师队伍的胜任力水平，学校能够更好地履行其社会责任，培养出更多具备创新精神和实践能力的学生，为社会的繁荣与进步作出积极贡献。因此，将教师胜任力模型作为教师招聘与选拔的重要依据，不仅是学校优化人力资源管理、提升教育质量的必然选择，而且是推动教育事业和社会发展的重要举措。

（二）教师培训与发展

教师胜任力模型不仅对于教师的招聘与选拔具有指导意义，而且为教师的培训与发展工作提供了有力的理论支撑和实践指南。学校通过运用这一模型，能够深入剖析教师在专业知识与技能、专业态度与价值观、教育教学能力、自我发展能力等不同维度上的实际表现，从而揭示出教师在职业发展过程中的优势与不足。基于对教师胜任力的全面分析，学校可以制

订更为精准和个性化的培训计划。这些计划旨在针对教师在特定胜任力维度上的短板，提供系统而富有针对性的培训内容。例如，对于在教育教学能力方面存在不足的教师，学校可以设计以提高教学设计和课堂组织能力为核心的培训课程；对于在自我发展能力上有所欠缺的教师，学校可以提供关于如何有效进行专业学习和自我反思的指导。

同时，教师胜任力模型还为教师个人的职业发展目标设定提供了参考框架。教师可以根据模型中的各个维度，结合自身的职业规划和兴趣，设定清晰、具体的发展目标。这些目标不仅有助于激发教师的自我提升动力，而且为他们的职业发展指明了方向。通过实施基于教师胜任力模型的培训与发展计划，学校能够更有效地促进教师队伍整体素质的提高。这种提高不仅体现在教师个体的专业素养和教学能力上，而且表现为学校整体教育教学质量的显著提升。

（三）教师绩效评价

教师胜任力模型在教师绩效评价中的应用，体现了现代教育评价体系的科学性和全面性。通过构建包含专业知识与技能、专业态度与价值观、教育教学能力、自我发展能力等多个维度的教师胜任力评价指标体系，学校能够全方位、多角度地审视和评估教师的教学表现及发展潜力。这种基于胜任力模型的绩效评价方式不仅关注教师在教学过程中的显性成果，如学生的学业成绩，而且着眼于教师的隐性特质和潜在能力，如教学创新能力、学生引导能力等。这使得评价更为全面和深入，能够真实反映教师的综合素养和教学效能。同时，该模型的应用也增强了教师评价的客观性和公正性。通过量化和标准化的评价指标，学校能够减少主观因素对评价结果的影响，确保每位教师都能得到公平、准确的评价。这不仅有助于增强教师的工作积极性和职业满意度，而且能为学校的人事决策，如晋升、奖励等提供科学、可靠的依据。此外，基于教师胜任力模型的绩效评价还有助于促进教师的专业成长和自我提升。通过明确各项胜任力指标的要求和标准，教师可以清晰地认识到自己在哪些方面存在不足，从而有针对性地制订改进计划，实现自我超越。这种以评价促发展的理念符合现代教育对教师持续发展的期待和要求。

第三节　胜任力评估与诊断

一、教师胜任力评估模型的重构

（一）专业能力维度

深厚的学科知识储备不仅有助于教师准确理解和把握教学内容，而且能为其在教学过程中对知识的灵活运用和深度挖掘提供可能。学科知识不仅包括学科的基本概念、原理和理论体系，而且涵盖学科的最新研究成果和前沿动态，以确保教学内容的时效性和科学性。教学技能是教师将学科知识转化为教学效果的关键能力，涵盖教学设计、课堂管理、教学实施和教学评估等多个环节。教学设计能力要求教师根据学生的认知特点和教学需求，合理设计教学方案，明确教学目标和教学重点；课堂管理能力强调教师维护课堂秩序、激发学生兴趣、促进学生参与的能力；教学实施能力表现为教师能够将教学设计转化为实际的教学活动，灵活运用多种教学方法和手段，以实现教学目标；教学评估能力要求教师能够对学生的学习成果进行准确、全面的评价，为教学改进提供依据。随着信息技术的发展，教育技术应用能力已成为现代教师不可或缺的能力。它要求教师能够熟练掌握并运用各种教育技术和工具，如多媒体教学、网络教学资源、在线学习平台等，以丰富教学手段，提高教学效率。教育技术应用能力不仅关乎教师个人的教学效率和教学质量，而且是推动教育信息化、实现教育现代化的重要力量。

（二）教育理念维度

教育理念维度主要考察教师对教育的理解、对学生的态度以及教学目标的设定等方面。正确的教育理念应强调学生的全面发展，注重培养学生的创新精神和实践能力，关注学生的情感需求和个性差异。教师应将教育视为一种培养人、发展人的社会活动，而不仅仅是知识的传授和技能的训练。教师应尊重每一名学生，关注学生的个体差异和成长需求，以平等、公正、关爱的态度对待每一名学生。同时，教师还应具备敏锐的观察力和洞察力，能够及时发现学生的问题和潜能，为学生的个性化发展提供支持。教师应根据教育理念和学生的实际情况，科学、合理地设定教学目标。教学目标不仅应包括知识技能的掌握，而且应关注学生的情感态度、价值观、创新能力和实践能力的培养。同时，教学目标还应具有可操作性和可测量性，以便对教学效果进行准确评估。

（三）教学创新维度

教学创新维度评估教师在教学方法、教学手段、教学评价等方面的创新能力和实践效果。教师应勇于尝试新的教学方法，如探究式学习、合作学习、项目式学习等，以激发学生的学习兴趣和主动性。同时，教师还应根据学生的认知特点和学科特点，灵活选择教学方法，实现教学方法的多样化和个性化。随着信息技术的发展，教学手段也在不断创新。教师应充分利用多媒体、网络等现代教学手段，丰富教学内容和形式，提升教学效果。同时，教师还应积极探索新的教学手段，如虚拟现实、增强现实等技术，以创造更加生动、直观的教学环境。传统的教学评价往往注重对学生知识技能的考查，而忽略了对学生创新能力、实践能力、情感态度等方面的评价。教师应创新教学评价方式，采用多元化的评价手段和方法，如作品集评价、表现性评价、同事评价等，以全面、准确地评价学生的学习成果和发展状况。

（四）师生关系维度

师生关系维度通过学生评价、家长反馈等方式，了解教师在建立师生关系、关注学生需求方面的表现。良好的师生关系是教学活动得以顺利进行的重要保障。教师应主动与学生建立和谐、亲密的师生关系，关注学生的生活和情感需求，为学生提供心理支持和情感寄托。同时，教师还应尊重学生的个性和差异，鼓励学生表达自己的观点和想法，以促进学生的全面发展。教师应密切关注学生的学习需求和发展需求，及时了解学生的学习情况和成长状况。通过与学生、家长的沟通和交流，教师可以更加准确地把握学生的需求，为学生提供个性化的指导和支持。同时，教师还应关注学生的心理健康和情感需求，为学生提供必要的心理辅导和情感支持。有效的师生互动是教学活动的重要组成部分，教师应积极创设师生互动的机会和情境，鼓励学生参与课堂讨论和互动活动。通过师生互动，教师可以更加深入地了解学生的学习情况和思维特点，为教学改进提供依据。同时，师生互动还能增强学生的学习兴趣和主动性，提升教学效果。

（五）心理调适维度

心理调适维度采用心理测试、访谈等方式，评估教师的心理调适能力和应对压力的能力。这一维度是教师胜任力的内在支撑，关系到教师的心理健康和职业韧性。教师作为一种高压力的职业，需要具备良好的心理调适能力。教师应学会正确认识和应对工作中的压力和挑战，保持积极的心态和情绪。通过心理调适，教师可以更好地调整自己的情绪状态，提升工作满意度和幸福感。同时，良好的心理调适能力还能帮助教师更好地处理与学生的关系，提升教学效果。教师在工作中会面临各种压力和挑战，如教学任务的繁重、学生问题的处理、家长和社会的期望等。教师应具备应对压力的能力，能够冷静、理性地处理各种压力和挑战。通过合理的时间管理和任务分配，教师可以更好地应对工作压力，提高工作效率。同时，教师还应学会寻求社会支持和帮助，与同事、家长、社会建立良好的沟通和合作关系，共同应对教育中的挑战。教师应具备较强的职业韧性，能够在面对困难和挫折时保持积极的心态与行动。通过不断学习与提高自己的专业素养和教学能力，教师可以增强自己的职业自信和职业韧性。同时，教师还应学会从失败中汲取经验教训，不断调整与改进自己的教学策略和方法，以实现个人和职业的持续发展。

二、教师胜任力诊断方法的创新

（一）多维度评估

1. 问卷调查：量化分析与宏观把握

问卷调查是一种有效的量化评估方法，能够大规模、快速地收集教师胜任力的相关数据。通过设计科学合理的问卷，可以从多个维度对教师的教学能力、教育理念、师生关系等进行量化评分。问卷调查的优势在于其标准化和客观性，能够避免主观评价带来的偏差。同时，通过对问卷数据的统计分析，可以从宏观层面把握教师胜任力的整体状况，发现普遍存在的问题和趋势，为教育政策的制定和调整提供数据支持。然而，问卷调查也存在一定的局限性，如问卷设计的合理性、样本的代表性、数据的真实性等问题均可能影响评估结果的准确性。因此，在使用问卷调查时，需要严格把控问卷的设计、发放和回收流程，确保数据的真实性和有效性。

2. 课堂观察：深入细致的过程评估

课堂观察是一种直接、深入的评估方法，通过现场观察教师的教学行为、学生的反应、课堂氛围等，可以对教师的胜任力进行细致入微的评估。课堂观察的优势在于其真实性和直观性，能够直接反映教师的教学水平和学生的学习状态。通过观察教师在课堂上的教学组织、师生互动、教学方法的运用等方面，可以深入了解教师的教学风格和策略，发现其教学中的优点和不足。课堂观察需要观察者具备丰富的教育经验和敏锐的洞察力，能够准确捕捉课堂中的关键信息和细节。同时，课堂观察还需要注意观察的全面性和客观性，避免主观臆断和片面评价。因此，在进行课堂观察时，需要制订详细的观察计划和标准，确保观察的系统性和准确性。

3. 学生评价与家长反馈

学生作为教学活动的直接参与者，对教师的教学水平、教学方法、师生关系等方面有着最直接的感受和体验。通过收集学生的评价意见，可以了解教师在学生心目中的形象和地位，发现教师教学中存在的问题和不足。同时，学生评价还能反映教师的教学效果和学生的学习成果，为教学改进提供依据。家长作为教育的重要参与者，对教师的胜任力也有着重要的评价作用。通过收集家长的反馈意见，可以了解教师在家长心目中的形象和声誉，发现教师在家校沟通、学生管理等方面存在的问题。家长反馈还能反映教师对学生个体差异的关注程度，以及对学生全面发展的重视程度，为教师的专业成长提供指导。

学生评价和家长反馈的优势在于其多元性与全面性，能够从不同的角度和层面对教师的胜任力进行评价。然而，学生评价和家长反馈也可能受到主观因素与情感因素的影响，导致评价结果的偏差。因此，在使用学生评价和家长反馈时，需要对其进行合理的筛选和整理，确保评价的真实性和有效性。

（二）动态监测

1. 定期评估与及时反馈

动态监测机制要求对教师进行定期的评估，以了解其胜任力的变化和发展趋势。通过定期的评估，可以及时发现教师在教学、管理、科研等方面存在的问题和不足，为教学改进提供依据。同时，评估结果还需要及时反馈给教师本人，使其能够了解自己的胜任力状况，明确自己的优势和不足，从而有针对性地进行改进和提升。

2. 跟踪诊断与持续改进

除了定期评估外，动态监测机制还需要对教师进行跟踪诊断。通过对教师教学过程、学生反馈、同事评价等方面的信息进行收集和分析，可以对教师的胜任力进行深入的剖析和诊断，找出问题的根源和症结。在此基础上，可以为教师提供个性化的改进建议和方案，帮助其提升胜任力水平。同时，还需要对教师的改进情况进行跟踪和评估，确保改进措施的有效性和持续性。

3. 建立激励机制与促进教师成长

动态监测机制不仅需要发现教师的不足和问题，而且需要激发教师的积极性和创造力。通过建立合理的激励机制，可以鼓励教师积极参与教学改进和科研活动，提升自身的胜任力水平。同时，还需要为教师提供丰富的学习资源和培训机会，促进其专业成长和发展。通过动态监测和激励机制的有机结合，可以构建一个持续改进的教师胜任力提升体系，为教师的专业成长和教育事业的发展提供有力的保障。

（三）个案分析

个案分析的第一步是确定研究对象，即存在胜任力问题的教师。教师可能在教学、管理、科研等方面存在明显的不足或困惑。确定个案后，需要收集相关信息，包括教师的教学计划、教案、学生作业、课堂观察记录、同事评价、学生反馈等。这些信息能够为学校提供丰富的素材和依据，帮助学校深入了解教师的胜任力状况和问题。

三、教师胜任力诊断过程

（一）明确诊断目标

1. 界定胜任力维度

教师胜任力的核心维度通常包括专业知识、教学技能、教育理念、师生关系、班级管理、心理调适，以及持续学习与创新等多个方面。每个维度都反映了教师在教育实践中的不同能力和素质，是构成教师胜任力的重要组成部分。

2. 设定诊断标准

针对每个胜任力维度，设定具体的诊断标准，这些标准应该基于教育实践的需要、教育政策的要求、教育研究的最新成果来设定，以确保诊断的准确性和有效性。诊断标准可以包括定量指标（学生成绩、教学满意度等）和定性描述（教学风格、师生互动方式等），以全面反映教师的胜任力水平。

3. 确定诊断目标

在明确了胜任力维度和诊断标准后，可以设定具体的诊断目标。这些目标应该具有可衡量性、可达成性和时效性，以便在诊断过程中进行有效的监控和评估。例如，可以设定目标为"提升教师的教学技能水平，使80%以上的学生能够在教学活动中积极参与并取得明显进步"。通过明确诊断目标，可以构建一个清晰、系统的教师胜任力诊断框架，为后续的诊断工作提供有力的支撑。

（二）收集诊断信息

1. 问卷调查

问卷调查作为教师胜任力诊断的基础工具，具有覆盖面广、易于操作和分析的优势。通过设计科学合理的问卷，可以大规模地收集教师对自身胜任力的自我评价、同事评价、学生反馈等多方面的信息。在问卷设计过程中，应确保问题的针对性和全面性。针对教师的自我评价，可以设计关于教学理念、教学技能、情感态度等方面的问题，以了解教师对自己的认知和评价。同时，通过同事评价和学生反馈，可以获取更加客观、来自外部视角的信息，从而了解教师在实际工作中的表现和影响。问卷调查的优势在于其能够迅速收集大量数据，为后续的分析提供丰富的素材。通过对问卷数据的统计和分析，可以发现教师在胜任力方面存在的普遍问题和个体差异，为进一步的诊断和改进提供依据。此外，问卷调查还具有匿名性，能够降低被调查者的心理防线，使其更真实地表达自己的看法和感受。然而，问卷调查也存在一定的局限性，如问卷设计的合理性、被调查者的回答真实性等。因此，在使用问卷调查时，需要结合其他方法进行交叉验证，以确保诊断结果的准确性和可靠性。

2. 面试与试讲

通过面对面的交流和观察，可以深入了解教师的教学理念、教学方法，以及与学生的互动方式等方面的信息。在面试过程中，可以通过提问和讨论的方式，了解教师的教学观念、教学经验和教学创新等方面的信息。同时，观察教师的言谈举止、表达能力、应变能力等，也可以对其教学能力和胜任力进行初步评估。试讲是评估教师教学能力的直接方式。通过让教师模拟实际教学过程，可以观察其教学技能、课堂掌控能力，以及与学生的互动方式等方面的表现。试讲不仅能够反映教师的教学水平，而且能够揭示其在实际教学中可能存在的问题和不足。面试与试讲的优势在于其直接性和真实性。通过面对面的交流和观察，可以获取更加直观、生动的诊断依据，为后续的改进提供有针对性的建议。然而，面试和试讲也受到时间、人力等资源的限制，难以大规模地进行。因此，在实际操作中，需要结合其他方法进行综合评估。

3. 绩效评估

绩效评估是通过收集教师的教学成果、学生成绩、课堂管理等方面的数据，对教师的工作表现进行客观、量化的评估。绩效评估的优势在于其客观性和可衡量性，能够提供准确、可靠的诊断结果。在教学成果方面，可以通过收集教师的教学研究、论文发表、获奖情况等方面的数据，评估其学术水平和教学能力。在学生成绩方面，通过对比教师的教学班级与其他班级的成绩差异，可以评估其教学效果和学生的学习成果。在课堂管理方面，通过观察教师的课堂秩序、学生参与度等方面的数据，可以评估其课堂管理能力和教学组织能力。绩效评估的客观性在于其依据的是实际数据和事实，能够避免主观臆断和偏见的影响。同时，绩效评估的可衡量性也使得学校能够更加准确地了解教师在各个方面的表现水平，为后续的改进提供具体的目标和方向。然而，绩效评估也存在一定的局限性，如数据获取的难易程度、评估标准的制订等。因此，在使用绩效评估时，需要确保数据的真实性和可靠性，并制订合理的评估标准和指标体系。

4. 多维度信息整合

通过整合问卷调查、面试与试讲、绩效评估等多种方法获取的信息，可以构建一个全面、立体的教师胜任力数据体系，为后续的分析和诊断奠定坚实的基础。多维度信息整合的优势在于其能够综合反映教师在各个方面的表现水平和发展状况。通过整合不同来源、不同方法获取的信息，可以更加全面、客观地了解教师的胜任力状况，发现其存在的问题和不足，并为其制订个性化的改进计划和发展路径。在进行多维度信息整合时，需要确保各种方法之间的互补性和协调性。不同方法之间可能存在重叠或矛盾的信息，需要进行仔细甄别和筛选，确保整合后的信息具有一致性和可靠性。同时，还需要根据教师的实际情况和发展需求，合理选择和运用不同的方法，以获取更加全面、准确的信息。

（三）分析诊断结果

1. 数据整理与分类

数据整理与分类是教师胜任力数据分析与诊断的第一步，也是后续分析的基础。这一步骤要求将收集到的各类数据按照预设的胜任力维度和诊断标准进行系统的归纳与整理。胜任力维度通常包括专业知识、教学技能、情感态度、创新能力等多个方面；诊断标准是根据教育行业的最佳实践和具体要求制订的，用于衡量教师在各维度上的表现水平。在整理数据时，需要确保数据的完整性和一致性，对缺失或异常数据进行合理处理。例如，对于缺失数据，可以通过插值法、回归预测等方法进行填补；对于异常数据，可以进行仔细核查，确认其真实性后再做处理。同时，为了便于后续分析，还应将数据按照不同的维度和诊断标准进行编码和分类，形成结构化的数据集。通过数据整理与分类，可以清晰地了解到教师在各个胜任力维度上的表现情况，为后续的分析提供有力的数据支撑。此外，这一过程还有助于发现数据之间的关联性和趋势，为后续的问题诊断和策略制订提供参考。

2. 数据分析与解读

统计分析方法可以帮助了解教师在各维度上的整体表现水平、分布特征、差异情况。例如，通过计算平均值、标准差等统计指标，可以了解教师在各维度上的平均表现水平、离散程度；通过相关分析、回归分析等方法，可以探索不同维度之间的关联性和影响因素。内容分析方法侧重对教师教学行为、学生反馈等文本数据的分析。通过关键词提取、主题分类、情感分析等技术，可以深入了解教师在教学过程中的具体表现、学生的感受及存在的问题点。这种方法有助于发现那些隐藏在数据背后的深层次信息，为后续的问题诊断和策略制订提供更为丰富的素材。

3. 问题根源挖掘

问题根源的挖掘应从多个角度进行，包括教师个人的因素、学校环境的因素、社会环境的因素。教师个人的因素可能涉及其知识结构、教学技能、心理状态等方面。例如，某些教师可能在专业知识方面存在短板，导致在教学中难以深入浅出地讲解知识点；某些教师可能在教学技能方面有所欠缺，无法有效地激发学生的学习兴趣和积极性。学校环境的因素包括教学资源、学校文化、师生关系等方面。例如，教学资源的匮乏可能限制教师的教学手段和创新空间；学校文化的缺失可能导致教师缺乏归属感和使命感；师生关系的紧张可能影响教师的教学效果和学生的学习体验。社会环境的因素涉及教育政策、社会期望、家庭支持等方面。例如，教育政策的调整可能影响教师的职业发展和晋升空间；社会期望的变化可能对教师的教学内容和方式提出新的要求；家庭支持的不足可能影响学生的学习态度和成绩表现。通过深入挖掘问题的根源，可以为制订有效的改进计划提供有力的依据。针对教师个人的问题，可以提供个性化的培训和发展机会；针对学校环境的问题，可以优化资源配置、营造积极向上的学校文化；针对社会环境的问题，可以加强与社会各界的沟通与协作，共同为教师胜任力的提升创造有利条件。

4. 客观性与准确性保障

数据应来自多个渠道和方面，包括教师的教学记录、学生的反馈、同事的评价、专业的测评工具等。这样可以全面反映教师的胜任力状况，避免单一数据来源带来的偏差。在数据分析过程中，应遵循统计学原理和数据科学规范，确保分析方法的合理性和有效性。同时，还应运用多种方法和技术对数据进行交叉验证与比较分析，以确保分析结果的准确性和可信度。在数据收集、整理和分析的各个环节，应设立质量控制点，对数据进行严格把关。对于异常数据或疑似错误数据，应进行仔细核查和复核，确保数据的真实性和准确性。通过以上措施的实施，可以有效保障分析诊断结果的客观性和准确性，为教师胜任力的提升提供科学、可靠的依据。同时，这也有助于提升教师对自己胜任力的认识，提高反思能力，促进教师的专业成长和发展。

（四）制订改进计划

1. 确定改进目标

需要根据诊断结果确定具体的改进目标，这些目标应该具有针对性、可衡量性和时效性，以便在改进过程中进行有效的监控和评估。

2. 制订改进策略

针对每个改进目标，需要制订具体的改进策略，这些策略应该基于教育实践的需要和教师个人的特点，具有可操作性和实效性。例如，可以为教师提供教学设计方面的培训和指导，鼓励其尝试新的教学方法和技术；同时，建立教学反思和同行评价机制，促进教师之间的交流和合作。

第四节 基于胜任力的课程设计

一、基于胜任力课程设计的基本原则

（一）战略导向性

在基于胜任力的课程设计框架中，战略导向性构成了其核心概念之一，它强调课程设计必须紧密围绕组织的战略目标进行，确保培训内容不仅符合当前的工作需求，而且与组织的长期发展方向保持高度一致。这种导向性不仅有助于提高学员的个人能力与组织绩效，而且能促进组织战略的有效实施和持续发展。课程设计者需对组织的使命、愿景和战略目标有深入的理解，这是课程设计的前提和基础。通过战略解读，课程设计者能够明确组织未来所需的关键能力和核心素质，进而将这些要求转化为具体的培训目标和课程内容。课程设计应关注组织的业务重点和战略方向，确保培训内容与组织的实际运营紧密结合。战略导向性在课程设计中的实现，要求课程设计者具备高度的战略意识和全局观念，能够准确把握组织的战略意图和未来发展需求。同时，课程设计者还需具备将战略要求转化为具体培训内容和目标的能力，以确保课程设计与组织战略的高度契合。

（二）系统性

系统性是基于胜任力课程设计的另一个重要原则，它要求课程设计应涵盖学员所需掌握的所有胜任力要素，形成一个完整的、相互关联的知识和技能体系。这种系统性不仅有助于学员全面、系统地掌握所需知识和技能，而且能促进学员在不同领域和情境下的灵活应用。课程设计者应对胜任力要素进行全面、深入的剖析，确保每个要素都得到充分的关注。这要求课程设计者具备深厚的专业知识和对胜任力模型的深入理解。课程设计应注重知识和技能之间的内在联系和逻辑关系，构建一个层次清晰、结构合理的知识体系。通过合理的课程安排和教学内容的组织，帮助学员逐步建立起完整的知识框架和技能体系。课程设计还应考虑不同胜任力要素之间的相互作用和影响，通过跨领域的课程设计和综合实践，培养学员的综合能力和素质。系统性在课程设计中的实现，要求课程设计者具备全面的专业知识和系统思维的能力，能够准确把握胜任力要素之间的内在联系和逻辑关系。同时，课程设计者还应具备创新精神和实践能力，能够不断探索与尝试新的课程设计和教学方法，以优化和完善课程体系。

（三）递进性

递进性是基于胜任力课程设计的关键原则之一，强调课程设计应遵循由浅入深、由易到难的原则，逐步提升胜任力水平。这种递进性不仅符合学习规律和认知特点，而且能有效激发学习兴趣和积极性，促进学员的持续发展和进步。在学术语境下，课程设计者应根据学员的实际情况和培训需求，制订科学合理的培训计划和教学进度。通过分阶段、分层次的课程设计，确保学员能够逐步掌握所需知识和技能，逐步提升胜任力水平。课程设计应注重知识的连贯性和技能的递进性，确保每个阶段的学习内容都建立在之前学习的基础上，形成一个连续、递进的学习过程。这要求课程设计者具备深厚的专业知识和对教学规律的深入理解。课程设计还应考虑学员的个体差异和学习进度，通过灵活的教学方法和个性化的学习路径，满足不同学员的学习需求和发展要求。

递进性在课程设计中的实现，要求课程设计者具备扎实的专业知识和丰富的教学经验，能够准确把握学员的学习规律和认知特点。同时，课程设计者还需具备创新精神和人文关怀，能够不断探索和尝试新的教学方法和学习路径，以激发学员的学习兴趣和积极性，促进学员的全面发展。

（四）实践性

实践性是基于胜任力课程设计的重要组成部分，强调课程设计应注重实践操作和案例分析，确保学员能够将所学知识应用于实际工作中，提升其解决实际问题的能力。这种实践性不仅有助于学员将理论知识转化为实际操作能力，而且能增强学员的自信心，提高学员的创新能力，为组织的持续发展提供有力支持。课程设计者需注重实践操作的环节设计，通过模拟实际工作场景和任务要求，为学员提供充足的实践机会。课程设计应强调案例分析的应用，通过引入真实或模拟的案例，引导学员运用所学知识进行分析和解决问题。这不仅能够提高学员的问题解决能力，而且能培养其批判性思维和创新能力。课程设计还应关注学员的反思和总结能力，通过引导学员对实践过程和结果进行反思与总结，帮助其形成自己的经验和知识体系。

实践性在课程设计中的实现，要求课程设计者具备丰富的实践经验和对实际工作的深入了解，能够准确把握实践操作和案例分析的重点与难点。同时，课程设计者还需具备创新精神和人文关怀，能够不断探索与尝试新的实践教学方法和评估机制，以激发学员的实践兴趣和积极性，培养其实际操作能力和问题解决能力。

二、基于胜任力课程设计的主要步骤

（一）胜任力要素解析

1. 要素的概念及本质剖析

胜任要素，作为人力资源管理与培训发展领域的核心概念，其内涵与外延的准确界定对于构建有效的培训体系至关重要。胜任要素，简而言之，是指个体在特定工作岗位上所需具备的关键知识、技能、态度及其他个人特质，这些要素共同构成了影响个体工作绩效的关键因素。从内涵上看，胜任要素不仅涵盖了显性的知识与技能，而且包括了隐性的态度、价值观、动机、个性特质等深层次因素。从外延上看，胜任要素涉及了这些要素在不同工作岗位、不同组织文化、不同发展阶段的具体表现和要求。对于培训而言，胜任要素的内涵与外延分析为培训内容的确定提供了重要依据。首先，通过对胜任要素内涵的深入剖析，可以明确培训所需关注的核心领域，如专业技能、管理能力、团队协作等。其次，外延的分析有助于培训者理解这些要素在不同情境下的具体应用，从而设计出更加贴近实际工作需求的培训内容。最后，基于胜任要素的培训要求应涵盖从基础知识到高级技能，从个人素质到团队协作，从理论学习到实践应用的全方位、多层次培训体系。

2. 主观过程分析

冰山模型，作为揭示个体胜任特征结构的重要理论框架，将个体的胜任特征分为显性的知识与技能、较为隐性的认知与能力，以及深层次的意识观念与素养特质。在培训过程中，依据冰山模型对胜任要素进行主观过程分析，有助于识别并培训个体的关键胜任特征。在意识观念与素养特质层面，培训应关注个体的价值观、职业态度、自我认知等深层次因素。通过引导个体进行自我反思、价值观澄清、职业发展规划，可以培养其正确的职业观念和高尚的职业道德，为个体长期的职业发展奠定坚实的基础。在认知与能力层面，培训设计者应着重提高个体的分析判断能力、决策能力、学习能力、创新思维等。通过案例分析、模拟演练、团队研讨等方法，可以帮助个体在复杂多变的工作环境中迅速作出准确判断，有效解决问题，并持续学习和创新。在知识与技能层面，培训设计者应围绕岗位所需的专业知识和技能进行系统的传授与训练。通过理论讲授、实操演练、导师辅导等多种方式，确保个体能够熟练掌握并灵活运用这些知识和技能，以胜任岗位工作的基本要求。

3. 实践过程分析

胜任要素在实践中的有效应用，不仅取决于个体对知识和技能的掌握程度，而且受到工作环境、任务要求、团队协作等多种因素的影响。因此，对胜任要素在实践过程中的一般过程、流程进行深入分析，有助于识别并优化这些要素在实践中的关键环节。在实践过程的初期阶段，个体需要明确工作任务和目标，并根据自身的能力和资源制订合理的工作计划。在这一阶段，培训设计者应重点提高个体的目标设定、计划制订、时间管理等能力，以确保其能够高效有序地开展工作。在实践过程的中期阶段，个体需要面对各种实际问题和挑战，并灵活运用所学知识和技能进行解决。在这一阶段，培训设计者应着重提高个体的问题解决能力、沟通协调能力、团队协作能力，以帮助其有效应对工作中的各种复杂情况。在实践过程的后期阶段，个体需要对工作成果进行总结和反思，提炼经验教训，并为未来的工作做好准备。在这一阶段，培训设计者应引导个体进行自我评价和职业规划，帮助其明确自身的优势和不足，以及未来的发展方向和目标。

4. 特定情境分析

不同的工作情境对个体的胜任要素提出了不同的要求。因此，在培训过程中，需要结合具体的工作情境，对胜任要素进行特定情境分析，以发现其独特的培训要点。在高压工作情境下，个体需要具备较高的抗压能力、情绪管理能力、快速决策能力。培训设计者应着重加强这些方面的训练，如通过模拟高压环境、进行压力测试等方式，提高个体的心理承受能力和应变能力。在团队协作情境下，个体需要具备良好的沟通能力、团队合作精神、领导力等。培训设计者应通过团队建设活动、角色扮演等方式，提高个体的团队协作能力，强化领导力培养，以促进团队的整体效能提升。在创新工作情境下，个体需要具备创新思维、学习能力和探索精神等。培训设计者应鼓励个体进行跨界学习、参与创新项目等方式，激发其创新潜能和创造力，为组织带来新的增长点。

5. 工作实践及问题呈现

回到工作实践中，对工作人员在各胜任要素上的具备程度、体现方式及存在问题进行深入分析，是提炼培训要点的现实依据。通过实地观察、问卷调查、绩效评估等多种手段，可以全面了解个体在工作中的实际表现和需求。在知识与技能方面，应关注个体是否存在技能短板、知识更新是否滞后等问题，并据此制订有针对性的培训计划和课程。在认知与能力方面，应关注个体的分析判断能力、决策能力是否满足工作需求，以及是否存在思维定式等问题。在意识观念与素养特质方面，应关注个体的职业态度、价值观是否与组织文化相契合，以及是否存在自我认知偏差等问题。通过对工作实践中问题的深入剖析，可以提炼出更加切近实际的培训要点，为培训内容的优化和培训效果的提升提供有力支持。同时，这种基于工作实践的培训要点提炼方式也有助于促进培训与工作的紧密结合，实现培训成果的有效转化和应用。

（二）培训要点归类组合

在构建基于胜任力的培训体系时，对解析出的培训要点进行科学合理的归类组合，是形成多个培训单元、框定各胜任力要素主体培训模块的关键步骤。这一过程不仅要求培训设计者具备深厚的理论功底与丰富的实践经验，而且需遵循一定的逻辑结构与教育心理学原理，以确保培训内容的系统性、连贯性与针对性。培训单元的划分，应基于对培训要点内在逻辑与关联性的深入分析。通过对各胜任力要素所涵盖的知识、技能、态度及行为要求的细致剖析，可以发现它们之间存在着一定的层次结构与内在联系。培训设计者需运用归纳与演绎相结合的方法，将这些培训要点按照其性质、功能、学习目标进行归类，从而形成若干个相对独立又相互关联的培训单元。

各培训单元之间应既有区分又有联系，共同构成各胜任力要素的主体培训模块。这些模块不仅应涵盖胜任力要素的核心内容，而且应考虑员工的学习规律与认知特点，确保培训内容的循序渐进与深入浅出。同时，培训模块的设计还需兼顾灵活性与可扩展性，以便根据企业实际需求和员工能力发展状况进行适时调整与优化。通过培训单元的归类组合与培训模块的框定，可以为培训课程的设计提供清晰的框架基础。这不仅有助于培训内容的组织与实施，而且能提升培训的效率与效果，确保学员能够系统地掌握各胜任力要素所要求的知识、技能与态度，进而实现个人绩效与组织效能的双重提升。

（三）确定培训要求

依据已经构建的培训单元及其所对应的详尽培训要点，可以对各胜任力要素的培训工作进行全面且深入的总体设想，进而精确地确定各个要素的培训要求。这一步骤是连接培训理论分析与实践操作的关键桥梁，为后续的课程设计提供了明晰的方向与坚实的依据。培训要求的制订，应当紧密围绕各胜任力要素的核心特征与目标绩效，充分考虑培训单元之间的逻辑顺序与内在联系。它应当明确回答"该要素应该如何培训"这一核心问题，涵盖培训的目标、内容、方法、时长、评估标准等多个维度。具体而言，培训要求应阐明每个培训单元所要达到的学习成果，即学员在完成培训后应具备的知识水平、技能熟练度、态度转变、行为表现等。

同时，培训要求还应注重培训方法的多样性与针对性，确保不同培训单元能够采用最适合的教学方式进行。例如，对于理论性较强的知识点，可采用讲授法结合案例分析；对于技能操作类内容，则宜采用实操演练与导师辅导相结合的方式。此外，培训要求的制订还需考虑学员的个体差异与学习风格，提供个性化的学习路径与资源支持，以最大化培训效果。通过细致入微地制订各胜任力要素的培训要求，不仅能够确保培训课程设计的科学性与实用性，而且能够为培训实施过程提供明确的指导与依据，进而促进学员能力的全面提高与组织效能的持续优化。

（四）设计培训课程

以精准提炼的"培训要点"为基石，以明晰界定的"培训要求"及科学构建的"培训单元"为蓝本，需进一步结合各岗位在胜任力要素上的独特培训侧重点，精心设计与之相匹配的培训课程。这一过程不仅要求培训设计者具备深厚的专业知识与丰富的实践经验，而且需要深刻洞察不同岗位的工作特性与学员的实际需求，以确保培训课程的系统性、递进性和实践性。在设计过程中，应对各岗位的核心职责、关键任务、绩效标准进行细致分析，明确各岗位在胜任力要素上的具体培训需求。基于此，将培训要点进行有针对性的筛选与组合，形成与岗位高度契合的培训内容框架。同时，注重课程内容的系统性构建，确保各培训单元之间既有清晰的逻辑关联，又能覆盖岗位所需的全面知识与技能。递进性设计是培训课程构建的另一重要原则。它要求课程内容从基础到高级，从理论到实践，逐步深入，循序渐进地引导学员掌握各胜任力要素。通过设计多层次、多阶段的学习任务，让学员在不断挑战与反馈中逐步提高能力，实现自我超越。实践性是确保培训效果的关键。培训课程应包含大量的实操演练、案例分析、角色扮演等实践环节，让学员在模拟或真实的工作情境中应用所学知识，加深理解，提升技能。同时，鼓励学员将所学应用于实际工作，通过解决实际问题来检验培训成果，实现学习与工作的无缝对接。

（五）课程分层分类

在构建基于胜任力的培训课程体系时，必须充分考虑不同培训对象的特点与需求，对课程进行合理分布与科学组合，以梳理课程之间的逻辑关系，建立一个层次分明、分类清晰的课程体系。这一体系的构建旨在确保各层次学员能够获得与其能力发展阶段相匹配的培训内容，实现培训效果的最大化。对于初级学员，课程体系应着重于基础知识和核心技能的培养。此阶段，课程设计者需注重理论与实践的结合，通过系统讲授、案例分析、模拟演练等多种教学方法，帮助学员掌握岗位所需的基本理论知识，同时培养其初步的操作技能与工作规范意识。基础课程应涵盖广泛且必要的知识点，为学员后续的学习与发展奠定坚实的基础。中级学员的课程体系应更加注重实践能力的提高与问题解决技巧的培养。此阶段，课程应增加更多基于工作情境的实操训练与项目实践，鼓励学员在解决实际问题的过程中，深化对理论知识的理解，提高独立分析与解决问题的能力。同时，引入团队合作与沟通技巧的培训，增强学员的团队协作与领导力。针对高级学员，课程体系需聚焦于战略思维与创新能力的培养。此阶段，课程应涵盖行业前沿动态、企业战略管理、创新思维与方法等内容，通过高端讲座、专题研讨、实战模拟等形式，引导学员拓宽视野，提高战略思考与决策能力，激发创新意识与创新能力。此外，强调领导力与变革管理能力的培养，为学员向更高层次的管理与领导岗位发展做好准备。通过如此分层、分类的课程体系设计，不仅能够满足不同培训对象的个性化需求，而且能够确保培训内容的连贯性与递进性，实现培训效果的最优化。

第五节 实施与反馈机制

一、基于胜任力的教师培训实施机制

（一）胜任力框架的动态生成

胜任力框架的构建与优化是一个动态、开放且持续的过程，应随着教育环境的演变、教学理念的革新、技术的飞跃、学生多元化需求的出现进行相应的调整与完善。这一动态性不仅体现了胜任力框架的灵活性与适应性，而且彰显了其作为教师专业发展导向的核心价值。在构建胜任力框架的初期，应广泛汲取国内外教育领域的最新研究成果，通过深入的文献研究，梳理出当前教育教学的先进理念与趋势，确保框架的构建基于坚实的理论基础。同时，这些理念与趋势应被视为框架构建的指导思想，引导框架向更加注重学生全面发展、创新能力培养、个性化教学等方向倾斜。然而，理论的指导仅是构建胜任力框架的起点，实践的观察与验证才是其生命力的源泉。因此，需要密切关注教育实践的发展动态，通过观察不同教学场景下教师的教学行为、学生的学习状态、教学效果的反馈，深入挖掘影响教学质量与效率的关键因素。这些实践观察的结果不仅能为胜任力框架的具体条目提供实证支持，而且能揭示出那些在传统理念中可能被忽视，但在实际教学中至关重要的能力素质。

此外，教师作为教学实践的主体，其丰富的经验与独到的见解是构建胜任力框架不可或缺的宝贵资源。通过组织教师经验分享会、教学案例研讨会等活动，鼓励教师将自己的教学实践与反思融入框架的构建过程中，不仅能增强框架的实用性与针对性，而且能激发教师的参与热情与创造力，形成框架构建与教师专业发展的良性互动。技术的发展，特别是信息技术在教育领域的广泛应用，为胜任力框架的动态调整提供了新的可能。大数据、人工智能、云计算等技术的融入，使得框架的构建更加精准、高效。例如，通过分析学生在线学习行为的数据，可以揭示出学生新的学习需求与偏好，进而调整框架中有关教学设计与学生互动能力的要求；通过智能教学系统的应用，可以实时监测教师的教学效果，为框架中教学评估与反馈能力的完善提供依据。

（二）个性化培训路径的定制

在胜任力框架的坚实基础上，为每位教师量身打造个性化的培训路径，是提高教师队伍整体素质、促进教育创新与质量提升的关键举措。这一过程不仅要求教师培训体系具备高度的灵活性与针对性，而且需要深度融合现代科技力量，特别是大数据分析与人工智能技术的运用，以实现培训内容的精准匹配与培训方法的科学优化，真正达到"私人订制"的培训效果。个性化培训路径的定制，前提在于对每位教师全面而深入的了解。这包括对其专业背景、教学经验的详尽掌握，以及对个人兴趣、发展需求与职业规划的细致剖析。专业背景与教学经验是教师知识结构和教学技能的直接反映，是制订培训计划的重要参考；个人兴趣与发展需求则关乎教师内在动力和职业追求，是激发教师学习热情、引导其持续成长的关键因素。为此，应构建一套完善的教师信息采集系统，通过问卷调查、深度访谈、教学日志分析等多种方式，全方位收集教师信息，为后续的培训定制奠定坚实的基础。

大数据分析与人工智能技术的引入，为个性化培训路径的定制提供了强有力的技术支持。通过对收集到的教师信息进行深度挖掘与智能分析，可以揭示出教师群体中的共性特征与个体差异，进而预测每位教师在不同培训内容与方法上的偏好与效果。例如，基于教师过往的学习行为与教学绩效数据，可以构建学习画像，识别出教师的学习风格、知识掌握程度与技能短板，从而为其推荐最适合的学习资源与教学策略。同时，人工智能算法还能根据教师的实时反馈与学习进展，动态调整培训计划，确保培训内容与方法始终与教师当前的需求和能力水平相匹配。在个性化培训路径的实施过程中，还要注重培训方式的多样性与互动性。结合线上与线下培训资源，为教师提供灵活的学习时间与空间选择，满足其多样化的学习需求。同时，通过构建教师学习社群，鼓励教师之间的经验分享与协作互助，形成良好的学习氛围。此外，引入项目式学习、教学案例分析等实践性培训方法，使教师在解决实际问题的过程中提高教学能力与创新能力，实现理论与实践的深度融合。

（三）多元化培训方式的融合

在教师专业发展的广阔领域中，培训方式的革新成为提升教学质量与促进教师成长的关键一环。传统单一的课堂讲授模式，虽然在知识传递上具有一定的系统性与直接性，但是难以充分满足教师多样化的学习需求及个性化发展。因此，探索并实施多元化的培训方式，如线上学习、工作坊、教学观摩、教学反思等，显得尤为迫切与重要。线上学习以其灵活便捷的特点，为教师提供了跨越时空限制的学习平台。通过网络课程、在线研讨会、虚拟实验室等多种形式，教师可根据自身需求与兴趣，自主选择学习内容与节奏，实现个性化学习路径的构建。此外，线上学习平台往往汇聚了丰富的教学资源与前沿的教育理念，有助于教师及时更新知识结构，把握教育改革的脉搏。更重要的是，线上学习还促进了教师之间的异步交流与合作，通过论坛讨论、在线协作等方式，教师能够分享教学心得，解决教学难题，形成广泛的学习共同体。

工作坊以其高度的互动性与实践性，成为教师培训中不可或缺的一环。通过邀请教育专家、优秀教师，围绕特定主题或教学技能展开深入的探讨与实践，工作坊不仅为教师提供了直接的经验交流与技能演练机会，而且促进了理论与实践的深度融合。在参与过程中，教师能够亲身体验新的教学方法与技术，通过模拟教学、案例分析等环节，将所学知识转化为实际教学能力，从而有效提升教学质量。教学观摩作为一种直观、生动的学习方式，为教师提供了观察、分析与借鉴他人优秀教学经验的机会。通过组织现场或线上的教学观摩活动，教师可以近距离地观察其他教师的教学过程，了解其教学设计、课堂管理、师生互动等方面的策略与技巧。这种直观的学习方式有助于激发教师的教学灵感，拓宽教学视野，同时也能促进教师之间的相互学习与竞争，共同推动教学水平的提升。教学反思作为教师自我提升的重要途径，强调教师对自身教学实践的深入思考与总结。通过撰写教学日志、参与教学研讨、进行同行评议等方式，教师能够客观地审视自己的教学过程，发现其中的问题与不足，进而寻求改进之道。教学反思不仅有助于教师形成批判性思维，而且能促进其教学风格的成熟与个性化发展，是教师专业成长中不可或缺的一环。

（四）实践导向的培训评估

教师培训评估范式的转变，标志着从单一关注学习成果的传统模式向多维度、实践导向的综合评估体系的演进。这一转变的核心在于，不再将培训效果局限于教师知识掌握或技能提升的直接产出，而是深入探究这些新知与技能在教学实践中的应用与转化，从而确保培训活动能够切实提升教学质量，促进学生发展。教学观摩作为评估体系的重要组成部分，提供了一种直观且深入的评估方式。通过组织同行评审、专家指导下的课堂观察、录像回放分析等手段，可以细致入微地考察教师在培训后教学策略的运用、课堂管理能力的提高、与学生互动的有效性。这种现场感强的评估方式有助于发现教师在实践中的亮点与不足，为后续的个性化指导与培训内容的调整提供实证基础。

学生反馈是另一不可或缺的评估维度，直接关联到教师培训成果的最终受益者——学生的学习体验与成效。通过问卷调查、访谈、学习成果展示等多种形式，收集学生对于教师培训后教学内容、方法、氛围等方面的感受与建议，可以客观反映教师培训在实际教学中的接受度与影响力。学生反馈不仅能够帮助教师识别自身教学实践中的盲点，而且能够促进教师从学生视角出发，调整教学策略，增强教学的针对性与吸引力。教学绩效的评估是从宏观层面考量教师培训效果的必要环节。通过分析教师培训前后学生学业成绩的变化、学生参与度的提升、课堂氛围的改善等关键指标，可以量化评估培训对于教学质量与教学成效的具体贡献。这种基于数据的评估方法增强了培训效果评估的客观性与说服力，为教育培训机构和教育管理者提供了决策支持，有助于资源配置的优化与培训策略的迭代升级。

二、基于胜任力的教师培训反馈机制

（一）反馈信息的多元化收集

在当今信息化社会，教师培训反馈信息的收集正积极借助现代信息技术，以更加全面、深入且高效的方式捕捉和分析教师的反馈信息，旨在构建一个多维度、实时更新的反馈生态系统。在线学习平台已成为教师反馈信息收集的重要阵地，这些平台不仅记录了教师的学习轨迹，包括学习时长、课程完成度、测试成绩等客观数据，而且通过智能算法分析教师在学习过程中的行为模式，如学习偏好、知识掌握速度及难点等，为评估培训效果提供了丰富的量化依据。此外，平台内置的交互功能鼓励教师分享学习心得、提出疑问，这些互动数据同样构成了宝贵的反馈资源，有助于洞悉教师的学习需求与期望。

通过分析教师在社交平台上的言论、情绪表达及与其他教师的互动，可以洞察到他们对培训内容、形式乃至整个培训体系的真实感受与态度。情感分析技术能够自动识别并量化这些言论中的正面与负面情感，帮助培训者及时捕捉教师的不满情绪或积极反馈，为培训改进提供直观的情感依据。利用大数据分析与机器学习技术，可以整合来自不同渠道、不同类型的反馈信息，构建教师反馈的综合分析模型。这一模型能够识别出影响教师培训效果的关键因素，预测未来培训需求的变化趋势，甚至根据每位教师的个性化特征，定制化地推送后续培训建议与资源。这种基于数据的精准反馈机制不仅提高了反馈处理的效率，而且极大地增强了教师培训的针对性和有效性。

（二）反馈内容的深度挖掘

对收集到的反馈信息进行深度挖掘与分析，是提升教师培训质量、实现精准支持的关键环节。这一过程不只是关注教师对培训内容、方法等方面的直接评价，而是深入到了教学实践的微观层面，力求全面、深入地理解教师在实际教学中遇到的问题、困惑及潜在需求。首先，对于教师在培训内容、方法等方面的直接评价，需要运用量化分析与质性分析相结合的方法，以揭示出普遍性的问题与个性化的需求。量化分析可以通过统计问卷中各项评价的得分，识别出教师对不同培训内容、方法的满意度与需求度；质性分析可以通过对访谈记录、开放性问题回答等文本数据的编码与归类，提炼出教师对于培训内容的理解深度、方法适用性的具体评价，以及他们期望的改进方向。

更为关键的是，要深入挖掘教师在教学实践中遇到的具体问题与困惑。这要求培训者具备扎实的教育学、心理学理论基础，以及丰富的教学实践经验，能够从教师的反馈中敏锐地捕捉到那些可能影响教学质量与效率的细微线索。例如，通过分析教师的教学反思日志，可以揭示出他们在课堂管理、学生互动、教学资源整合等方面的挑战；通过观摩教师的教学录像，可以观察到他们在教学策略选择、教学语言运用、学生反应处理等方面的实际表现，进而发现潜在的问题与改进空间。在挖掘问题与困惑的同时，还需关注教师的潜在需求。这包括他们对新知识、新技能的渴望，对教学创新、个人职业发展的期待，以及对培训形式、时间安排等方面的偏好。这些需求的识别不仅有助于培训者设计更加贴合教师实际的培训内容与方法，而且能激发教师的内在动力，促进他们的主动学习与持续发展。为实现上述目标，需要充分利用现代信息技术，如文本挖掘、情感分析、机器学习等，对海量的反馈信息进行高效、准确的处理。这些技术不仅能提升数据分析的速度与精度，而且能揭示出那些通过传统方法难以发现的隐藏信息，为教师培训的精准化、个性化提供强有力的支持。

（三）反馈结果的及时反馈与应用

反馈结果的及时反馈对于教师而言，是自我反思与专业成长的催化剂。在培训过程中，教师通过参与各种活动、接受不同形式的指导与评估，会获取大量的学习数据与实践表现信息。这些信息经过科学、客观的分析后，形成的反馈结果应及时、准确地传达给每一位教师。这样，教师能够清晰地认识到自己在教学技能、教育理念、课堂管理等方面的优势与特长，从而增强自信心与职业认同感；同时，也能正视并深入理解自身存在的不足与短板，明确后续改进的方向与目标。这种基于实证的自我认知是教师专业成长不可或缺的内在动力。

反馈结果作为培训内容与方法调整的重要依据，对于培训的整体效果与质量具有决定性影响。通过分析教师的反馈数据，培训者可以系统地了解教师在不同培训模块的学习成效、实践应用的困难与挑战，以及对于培训内容、形式、时间安排等方面的具体意见与建议。这些信息为培训内容的迭代更新、培训方法的创新优化提供了宝贵的参考与依据。培训者可以据此调整培训的重点与难点，增加或删减特定的培训内容，优化培训流程与时间安排，甚至引入新的教学工具与技术，以确保培训更加贴近教师的实际需求，更具针对性与实效性。

此外，反馈结果的及时反馈与有效利用还促进了培训者和教师之间的双向沟通与互动。当教师看到自己的反馈被认真对待并转化为培训改进的实际行动时，他们会感受到自己的声音被重视，从而增强对培训的信任与参与度。这种积极的互动氛围有助于构建良好的培训生态，促进培训者与教师之间的共同成长。

（四）反馈机制的持续优化

反馈机制作为教师培训体系中的重要组成部分，其动态优化与持续改进对于确保培训效果、满足教师发展需求具有至关重要的作用。反馈机制应被视为一个随教育环境变化、教学理念更新、教师个体发展需求调整而不断演进的动态系统。随着教育改革的深入，新的教学理念、方法与技术不断涌现，对教师的专业能力提出了更高的要求。反馈机制需要紧密跟踪这些变化，及时调整反馈的内容、形式与频率，确保反馈信息能够准确反映当前教育教学的最新要求与趋势。例如，随着信息技术在教育领域的广泛应用，反馈机制可引入在线评价、大数据分析等现代技术手段，以更全面、客观地收集与分析教师的教学实践和学习成效数据。教师作为一个不断发展的专业群体，其职业生涯的不同阶段会面临不同的挑战与需求。反馈机制需要充分考虑教师的个性化需求，通过定期回顾与评估，识别出教师在专业成长、教学技能提升、教育理念更新等方面的具体需求，进而调整反馈策略与资源分配，为教师提供更具针对性的支持与帮助。这要求培训者不仅关注反馈信息的收集与分析，而且重视反馈结果的运用与转化。通过构建闭环的反馈流程，确保教师的反馈能够转化为培训内容与方法的实际改进，从而真正实现培训的精准化与个性化。同时，培训者还应定期对反馈机制本身进行评估，识别并消除可能存在的偏差与不足，确保其始终保持高效、准确、公正的运行状态。

第四章　信息技术在教师专业发展中的应用

第一节　信息技术在教师培训中的角色

一、信息技术作为教师培训内容的载体

（一）丰富培训资源

1. 数字化资源的多样化

信息技术的应用使得教师培训资源不再局限于传统的纸质教材和面授讲座。在线课程、电子图书、视频教程、虚拟实验室等数字化资源纷纷涌现，为教师提供了更加丰富多样的学习材料。在线课程以其灵活性和互动性为特点，能够涵盖从基础教育到高等教育、从学科教学到教育管理等各个领域，使教师能够根据自身需求选择适合的课程进行学习。电子图书则提供了便捷的阅读方式，教师可以随时随地访问和查阅，极大地提高了学习效率。视频教程以其直观性和生动性，使教师能够更加直观地理解和掌握教学技能和方法。而虚拟实验室则为教师提供了模拟真实实验环境的机会，使教师能够在安全、无风险的环境中进行实验操作和探究。数字化资源的多样化不仅体现在形式上，更在于内容的广泛性和深度。这些资源涵盖了教育的各个方面，从教学理论到教学实践，从课程设计到教学评估，从信息技术应用到教育心理学，几乎无所不包。同时，这些资源还能够根据教育教学的最新发展和研究成果进行及时更新，确保教师能够获取到最前沿的知识和技能。

2. 资源的个性化与自适应性

信息技术的另一大优势在于其能够实现资源的个性化和自适应性，通过分析教师的学习习惯、兴趣偏好以及专业发展需求，信息技术可以智

能推荐个性化的学习路径和资源，从而提高培训的针对性和实效性。这种个性化推荐不仅基于教师的显性需求，如他们所选择的课程、所关注的主题等，还基于教师的隐性需求，如他们的学习风格、认知水平、兴趣偏好等。通过数据挖掘和分析技术，信息技术可以洞察出这些隐性需求，并为教师提供定制化的学习资源。此外，信息技术还能够实现资源的自适应性。例如，对于喜欢自主学习的教师，信息技术可以提供更多的自学材料和工具；对于喜欢合作学习的教师，信息技术则可以提供在线协作和讨论的平台。

3. 资源的共享与开放

通过构建教育资源共享平台，教师可以轻松上传、分享和获取各种教育资源。这些资源不仅包括教学设计、课件、教案等教学材料，还包括教学经验、教学反思等实践性知识。这种共享与开放不仅有助于教师之间的交流与合作，还能够促进教育资源的优化配置和高效利用。同时，信息技术的广泛应用也推动了开放教育资源（OER）的发展。开放教育资源是指那些可以免费获取、使用、改编和重新发布的教育资源。这些资源通常具有高质量、多样性和易用性的特点，能够满足教师多样化的学习需求。通过利用开放教育资源，教师可以更加便捷地获取到最新的教学理念和教学方法，并将其应用于自己的教学实践中，从而提高教学质量和效果。

（二）实现个性化学习

1. 个性化学习路径的定制

信息技术通过智能推荐系统和学习分析技术，可以为教师提供个性化的学习路径和资源。智能推荐系统通过分析教师的学习历史、兴趣偏好以及学习目标，可以推荐出最适合教师的学习内容和课程。这些推荐不仅基于教师的显性需求，还考虑了教师的隐性需求和潜在兴趣。通过学习分析技术，信息技术可以实时监测教师的学习进度和反馈，动态调整学习内容和难度，以确保教师能够在最佳的学习状态下进行学习。个性化学习路径的定制不仅提高了学习的针对性和实效性，还激发了教师的学习动力和兴趣。教师可以根据自己的兴趣和需求选择学习内容，避免了传统培训中的"一刀切"现象。同时，个性化学习路径的定制还考虑了教师的学习能力和时间安排，使教师能够在有限的时间内获得最好的学习效果。

111

2. 学习方式的灵活选择

信息技术为教师提供了多种学习方式的选择，包括自主学习、合作学习、混合学习等。自主学习是指教师根据自己的学习需求和兴趣，自主选择学习内容和方式，并进行自我管理和自我评估。合作学习是指教师与其他教师或学习者进行协作和交流，共同解决问题和完成任务。这些学习方式的灵活选择不仅满足了教师多样化的学习需求，还提高了学习的效果和效率。自主学习使教师能够根据自己的时间安排和进度进行学习，避免了传统培训中的时间冲突和节奏不一致的问题。合作学习则促进了教师之间的交流与合作，使教师能够相互借鉴和学习，共同提高。混合学习则结合了线上学习的便捷性和线下实践的实效性，使教师能够在不同的学习环境中获得最佳的学习体验。

3. 学习进度的自主控制

信息技术还允许教师自主控制学习进度，这是个性化学习的重要体现。通过信息技术的支持，教师可以根据自己的学习能力和时间安排，自由选择学习内容和学习速度。对于已经熟悉的内容，教师可以快速跳过或选择深入学习；对于难以理解的内容，教师则可以反复学习或寻求帮助。这种自主控制不仅提高了学习的灵活性和效率，还增强了教师的自主性和责任感。

（三）强化实践应用

1. 虚拟现实技术在教学实践中的应用

虚拟现实技术能够创建一个完全沉浸式的虚拟环境，使教师能够身临其境地体验教学场景。通过VR头盔和传感器等设备，教师可以进入虚拟教室、虚拟实验室等教学场景，与学生进行互动、观察学生的反应、调整教学策略等。这种沉浸式的体验使教师能够更加真实地感受教学过程中的各种情境和问题，从而加深对教学理论的理解和掌握。在虚拟环境中进行模拟教学，教师还可以尝试不同的教学方法和策略，观察其效果并进行反思和改进。这种实践应用不仅提高了教师的教学技能，还培养了他们的创新思维和解决问题的能力。同时，虚拟现实技术还能够为教师提供安全、无风险的教学实践环境，使他们能够在不承担实际风险的情况下进行实践和探索。

2. 增强现实技术在教学实践中的融合

增强现实技术则将虚拟元素与现实世界相结合，为教师提供更加丰富和多样的教学实践体验。通过AR眼镜或移动设备等设备，教师可以将虚拟的教学资源、实验器材等叠加到真实的教学场景中，从而创造出一种混合现实的教学环境。在这种环境中，教师可以进行更加直观和生动的教学演示和操作，使学生能够更好地理解和掌握教学内容。增强现实技术的应用不仅提高了教学的趣味性和吸引力，还增强了教学的互动性和参与性。教师可以与学生进行实时的互动和反馈，根据学生的反应和需求调整教学策略和内容。同时，增强现实技术还能够为学生提供更加丰富的学习资源和体验，如虚拟实验、虚拟演示、虚拟导览等，从而拓宽学生的视野和知识面。

3. 信息技术支持下的反思性实践

除了模拟教学和增强现实教学外，信息技术还支持教师进行反思性实践。反思性实践是指教师在教学实践过程中对自己的教学行为、教学策略以及教学效果进行反思和评估，以期不断改进和提高教学质量。通过信息技术的支持，教师可以录制自己的教学过程、分析学生的学习数据、收集学生的反馈意见等，从而对自己的教学实践进行全面的反思和评估。反思性实践使教师能够更加客观地审视自己的教学过程和效果，发现自己的优点和不足，并寻求改进的方法。同时，反思性实践还能够促进教师之间的交流与合作，使他们能够相互学习和借鉴经验，共同提高教学质量。通过信息技术的支持，反思性实践可以更加便捷和高效地进行，为教师提供了更加广阔的发展空间和机会。

二、信息技术作为教师培训方式的创新者

（一）混合式学习：线上与线下的无缝对接

混合式学习模式的核心在于其将线上学习与线下实践紧密结合，实现了两者之间的无缝对接。在线上学习阶段，教师可以通过网络平台获取丰富多样的学习资源，如在线课程、教学视频、电子图书等。这些资源不仅覆盖广泛，而且更新迅速，能够满足教师不同层次、不同领域的学习需求。线上学习的灵活性使得教师可以根据个人时间安排和进度，随时随地

进行自主学习，大大提高了学习的便捷性和效率。然而，单纯的线上学习往往缺乏实时的互动与反馈，难以达到深度学习的效果。混合式学习模式通过线下实践环节，有效弥补了这一不足。线下实践包括面对面的研讨、工作坊、教学观摩等形式，为教师提供了与同行交流、分享经验、解决问题的平台。在线下实践中，教师可以获得来自导师或同行的即时反馈，通过深入的讨论和反思，加深对教学理论的理解，提升教学技能。同时，线下实践还促进了教师之间的互动与合作，有助于构建专业的学习共同体。混合式学习模式的这种线上与线下相结合的方式，既保证了学习的灵活性和自主性，又确保了学习的深度和实效性。它使得教师能够在享受线上学习带来的便捷性的同时，也能通过线下实践获得实时的指导与反馈，从而不断提升自己的专业素养和教学能力。

（二）协作式学习：跨越地域的知识共享与建构

通过在线协作平台、社交媒体等工具，教师可以跨越地域限制，与来自不同背景、不同经验的同行进行交流与分享，共同解决问题，促进知识的建构与共享。这种协作式学习方式不仅拓宽了教师的视野，还激发了他们的创新思维和合作能力。在协作式学习中，教师可以利用在线协作平台进行实时的讨论和交流。这些平台通常具备即时通信、文件共享、在线编辑等功能，使得教师能够方便快捷地分享教学资源、交流教学经验、探讨教学问题。通过深入的讨论和协作，教师可以共同解决教学中遇到的难题，优化教学设计，提升教学质量。同时，协作式学习还促进了教师之间的情感交流和团队协作，有助于构建和谐的工作氛围和专业的学习共同体。此外，社交媒体也为教师培训中的协作学习提供了新的可能。通过社交媒体，教师可以更加便捷地与其他教师建立联系，分享教学心得和成果。社交媒体的广泛传播性使得优秀的教学经验和资源能够迅速传播和共享，从而推动整个教师群体的专业发展。在社交媒体的助力下，协作式学习不再局限于特定的时间和空间，而是成为一种随时随地都可以进行的学习活动。

（三）自我驱动学习：培养终身学习的习惯与能力

信息技术不仅为教师培训提供了丰富的资源和便捷的方式，还鼓励教师进行自我驱动学习。通过个人学习管理系统（PLMS）、在线学习社区等工具，教师可以自主设定学习目标、管理学习进度、反思学习过程，从而培养终身学习的习惯和能力。自我驱动学习是教师专业发展的重要组成部分，也是信息技术赋予教师的新要求和新机遇。在个人学习管理系统的帮助下，教师可以对自己的学习进行全面的规划和管理。他们可以根据自己的专业发展需求和兴趣偏好，设定明确的学习目标，并制订相应的学习计划。在学习过程中，教师可以通过系统记录自己的学习进度和成果，反思学习过程中的得与失，及时调整学习策略和方法。这种自我管理和自我反思的过程有助于教师形成自主学习的习惯和能力，为终身学习奠定坚实的基础。在线学习社区则为教师提供了与同行交流、分享和学习的平台。在社区中，教师可以发布自己的学习心得和成果，与他人进行深入的讨论和交流。通过参与社区的互动和学习活动，教师可以不断拓宽自己的视野和知识面，了解最新的教学理念和方法，提升自己的专业素养和教学能力。同时，在线学习社区还为教师提供了持续学习的动力和支持，使他们能够在专业发展的道路上不断前行。自我驱动学习不仅有助于教师的个人成长和发展，还对整个教育体系的改革和创新具有重要意义。在信息技术的推动下，自我驱动学习将成为教师培训的重要组成部分，推动教师不断更新教学理念和方法，提高教学质量和效果。同时，自我驱动学习还将促进教师之间的交流和合作，推动教育资源的共享和优化配置，为构建更加开放、多元、包容的教育体系贡献力量。

三、信息技术作为教师培训评估的工具

（一）数据驱动的评估：科学化与精准化的双重保障

数据驱动的评估是信息技术赋予教师培训评估的重要特征。在传统的评估模式中，培训效果的衡量往往依赖于主观的观察和经验判断，这种评估方式不仅缺乏客观性，还容易受到个人偏见和认知局限的影响。而数据驱动的评估则通过收集和分析教师在培训过程中的实际学习数据，为评估提供了科学化的依据。在信息技术的支持下，培训系统能够自动记录和分析教师的学习时间、学习路径、作业完成情况等多维度数据。这些数据不仅反映了教师在培训过程中的学习投入和参与度，还能够揭示其学习进度

和掌握程度。通过对这些数据的深入分析，评估者可以客观、准确地了解教师的学习效果，发现潜在的问题和不足，从而为培训效果的优化提供有针对性的建议。

数据驱动的评估不仅提升了评估的准确性，还实现了评估的精准化。通过对教师学习数据的持续跟踪和分析，评估者可以及时发现教师在学习过程中的变化和进步，从而更加精准地评估其学习效果。这种精准化的评估有助于培训者更好地了解教师的个体差异和学习需求，为其提供更加个性化的培训方案，进而提升培训的针对性和有效性。此外，数据驱动的评估还为教师培训效果的持续优化提供了可能。通过对历史数据的分析和挖掘，评估者可以发现培训过程中存在的问题和瓶颈，为培训内容的更新和培训方式的改进提供实证依据。这种基于数据的持续优化过程，不仅有助于提升培训效果，还能够降低培训成本，提高培训资源的利用效率。

（二）多维度评估：全面性与准确性的双重提升

信息技术支持的多维度评估，是教师培训评估的又一重要创新。传统的评估方式往往侧重于对知识掌握程度的考核，而忽视了教师在教学技能、教学理念、课堂管理等方面的能力。这种单一的评估方式不仅无法全面反映教师的真实水平，还容易导致培训效果的片面化。而多维度评估则通过引入多种评估方式和工具，对教师进行全面的、多角度的评估。除了传统的知识测试外，多维度评估还包括模拟教学、案例分析、同事评价等方式。模拟教学能够评估教师在实际教学中的表现和能力，案例分析则能够考察教师的问题解决能力和创新思维，同事评价则能够从同事的角度为教师提供反馈和建议。

多维度评估的实施，不仅提高了评估的全面性，还增强了评估的准确性。通过多种评估方式的综合运用，评估者可以更加准确地了解教师在各个方面的能力和表现，发现其优势和不足，从而为培训内容的调整和优化提供有针对性的建议。同时，多维度评估还能够激发教师的积极性和创造力，鼓励其在多个方面不断提升自己，实现个人专业发展的全面进步。此外，多维度评估还有助于构建更加公平、公正的评估环境。在传统的评估模式中，单一的评价标准往往容易导致评估结果的主观性和不公平性。而多维度评估则通过引入多种评价方式和工具，使得评估过程更加客观、公正，减少了人为因素的干扰和影响，为教师培训效果的优化提供了更加可靠的保障。

（三）即时反馈与调整：动态性与灵活性的双重优势

即时反馈与调整是信息技术在教师培训评估中的又一重要应用。在传统的评估模式中，反馈往往是在培训结束后才进行，这种滞后的反馈方式不仅无法及时纠正教师在学习过程中的问题，还容易导致培训效果的低效和浪费。而即时反馈与调整则通过实时的数据分析和可视化展示，使得教师能够及时了解自己的学习进度和效果，根据反馈进行针对性的调整和改进。在信息技术的支持下，培训系统能够实时跟踪和分析教师的学习数据，并通过可视化展示的方式为教师提供即时的反馈。这种即时的反馈不仅能够帮助教师及时了解自己的学习情况和问题所在，还能够为其提供有针对性的改进建议和指导。同时，培训者也可以根据即时的评估结果调整培训内容和方式，确保培训的有效性和针对性。即时反馈与调整的实施，不仅提高了评估的动态性，还增强了培训的灵活性。通过即时的反馈和调整，教师可以根据自己的学习情况和需求进行个性化的学习路径规划和学习策略调整。这种个性化的学习方式不仅有助于提升教师的学习效果和学习动力，还能够为其提供更加灵活、多样的学习体验。

同时，培训者也可以根据教师的反馈和需求及时调整培训计划和方式，使得培训更加符合教师的实际需求和期望。此外，即时反馈与调整还有助于建立更加紧密的师生关系和合作氛围。在传统的评估模式中，教师和学生往往处于对立的位置，评估结果往往被视为对教师的评价和奖惩依据。而即时反馈与调整则强调教师和学生之间的合作和互动，鼓励教师积极参与评估过程并主动寻求改进和提升。这种合作和互动的氛围不仅有助于提升评估的准确性和有效性，还能够增强教师的归属感和责任感，为其个人专业发展和学校教育教学质量的提升奠定坚实的基础。

四、信息技术作为教师专业发展的推动者

（一）持续的专业发展

在知识爆炸和快速迭代的今天，教师的专业发展已不再是阶段性任务，

而是贯穿职业生涯的持续性过程。信息技术，以其丰富的在线学习平台和海量教育资源库，为教师搭建了便捷、高效的学习桥梁，使教师能够随时随地获取最新的教育理念、教学方法和教学案例，不断更新知识结构和提升教学技能，实现持续的专业成长。信息技术提供的在线学习平台，为教师提供了灵活多样的学习方式。这些平台通常包含丰富的课程资源，涵盖教育理论、教学技巧、教育心理学等多个领域，能够满足教师不同层次和个性化的学习需求。教师可以通过自主学习、在线研讨、互动问答等方式，深入理解和掌握新知识、新技能，并将其应用于教学实践中，实现理论与实践的深度融合。这种持续的学习过程，不仅有助于教师提升专业素养，还能够激发其内在的学习动力，推动其向更高层次的专业发展迈进。

同时，教育资源库作为信息技术的重要组成部分，为教师提供了丰富的教学资源和案例。这些资源和案例来自全球各地的优秀教育实践，具有极高的参考价值和借鉴意义。教师可以通过浏览、搜索和下载这些资源和案例，了解最新的教学理念和教学方法，拓宽教学视野，提升教学设计能力。此外，教育资源库还为教师提供了交流和分享的平台，鼓励教师将自己的教学经验和成果上传至资源库，与其他教师共享，促进知识的传播和共建。信息技术的赋能，使得教师的专业发展不再受时间和空间的限制，实现了真正的终身学习和成长。教师可以通过持续的学习和实践，不断更新自己的知识结构和教学技能，适应教育改革和发展的需求，为培养更多具有创新精神和实践能力的人才贡献力量。

（二）跨地域的交流与合作

信息技术不仅为教师提供了持续专业发展的平台，还打破了地域限制，使得教师能够与全球的教育工作者进行交流与合作。通过参与国际性的在线研讨会，教师可以与来自不同国家和地区的教育工作者共同探讨教育问题，分享教学经验和研究成果。这些研讨会通常涉及教育改革的热点问题、先进的教学理念和方法等，能够为教师提供宝贵的学习和交流机会。在研讨会上，教师可以发表自己的观点和见解，与同行进行深入的讨论和交流，从而拓宽自己的思维视野，提升对教育的理解和认识。

此外，加入专业社群也是教师跨地域交流与合作的重要途径。这些社群通常由具有相同兴趣或专业背景的教师组成，通过在线平台进行交流和分享。在专业社群中，教师可以结识来自世界各地的同行，了解不同国家的教育体系和教学方法，从中汲取灵感和经验。同时，教师还可以将自己的教学经验和成果分享给社群成员，接受他们的反馈和建议，从而不断提升自己的教学水平和专业素养。跨地域的交流与合作，不仅有助于教师拓宽视野和了解国际教育动态，还能够提升其国际竞争力。通过与全球教育工作者的交流和合作，教师可以学习到先进的教学理念和方法，并将其应用于自己的教学实践中，提升教学质量和效果。同时，这种跨地域的交流与合作还能够增强教师的跨文化沟通能力和团队协作能力，为其在国际教育舞台上展现自己的才华和实力奠定坚实的基础。

（三）创新教学实践

信息技术不仅为教师提供了持续专业发展和跨地域交流的平台，还鼓励教师进行教学创新，探索更加高效、有趣的教学方式。通过运用新技术、新工具进行教学设计和实施，教师可以激发学生的学习兴趣和积极性，提高教学效果，实现教学的革新。信息技术为教学创新提供了强大的技术支持。教师可以利用多媒体技术、虚拟现实技术、人工智能等新技术，创设生动、有趣的教学情境，激发学生的学习兴趣和探究欲望。例如，通过虚拟现实技术，教师可以将学生带入一个虚拟的实验环境中，让学生亲身体验实验过程，从而加深对知识的理解和掌握。同时，教师还可以利用人工智能技术，对学生的学习数据进行分析和挖掘，了解学生的学习需求和偏好，为其提供更加个性化的教学服务。

信息技术还为教师提供了丰富的教学工具和资源，帮助其进行教学设计和实施。教师可以利用在线学习平台、教学软件等工具，进行课程的设计、制作和发布。这些工具和资源不仅简化了教学流程，还提高了教学效率和质量。同时，教师还可以根据自己的教学需求和学生的特点，灵活选择和组合不同的工具和资源，创造出具有自己特色的教学方式和方法。教学创新不仅是教师专业发展的重要体现，也是推动教育教学改革的重要动力。通过教学创新，教师可以不断探索和尝试新的教学方式和方法，激发学生的学习兴趣和积极性，提高教学效果和质量。同时，教学创新还能够促进教师的专业成长和发展，提升其教学水平和专业素养。因此，教师应该积极拥抱信息技术，利用其提供的平台和资源，进行教学创新和实践，为培养更多具有创新精神和实践能力的人才贡献力量。

第二节　数字化学习资源的开发与利用

一、数字化学习资源的定义与特点

数字化学习资源是指经过数字化处理，可以在多媒体计算机及网络环境下运行的多媒体教学材料。这些资源包括但不限于在线课程、电子书籍、教育软件、数字化视频、音频、多媒体等。数字化学习资源具有以下几个特点：

（一）处理技术数字化

处理技术数字化是指将传统的物理媒介信息，如声音、文本、图形、图像、动画等音频视频信号，通过高精度的转换器进行抽样与量化，进而转换成数字信号的过程。这一转变不仅意味着信息存储与传递方式的根本性变革，而且在资源的可靠性和可纠错性上实现了质的飞跃。数字信号，以其离散的数值表示形式，相较于模拟信号，具有更强的抗干扰能力和更高的稳定性。在传输过程中，即使遭遇噪声或信号衰减，数字信号也能通过纠错编码技术恢复原始数据，从而保证了教学资源的完整性和准确性。这种高可靠性对于远程教育、在线学习等依赖网络传输的教育模式尤为重要，它确保了无论师生身处何地，都能接收到清晰、无误的教学内容。随着技术的进步，数字化处理技术不断优化，如高保真音频编码、高清视频压缩算法等，使得教学资源的数字化更加精细、高效。这些技术的应用不仅降低了存储成本，提高了传输效率，而且使得教学资源在保持原有信息质量的同时，实现了跨平台、跨设备的无缝对接，极大地丰富了学习场景和方式。

（二）处理方式多媒体化

多媒体化处理方式是指利用多媒体计算机技术，对多种媒体形式的教学资源进行存储、传输、处理，最终创造出集文字、图像、声音、动画于一体的综合型教学资源。这一转变不仅丰富了教学手段，而且在提升教学效果、激发学生学习兴趣方面展现出巨大潜力。多媒体资源的整合，打破了单一媒介的限制，使得教学内容能够以更加生动、直观的方式呈现。例如，通过动画演示复杂的科学原理，用视频记录实验过程，或是利用交互式软件让学生在虚拟环境中进行实践操作，这些都能有效增强学生对知识的理解与记忆。同时，多媒体技术还促进了教学资源的创新，如虚拟现实、增强现实等技术的应用，为学生提供了沉浸式的学习体验，极大地拓宽了学习的边界。多媒体化处理方式还能够根据学生的学习风格和能力差异，提供个性化的学习路径和资源。通过智能分析学生的学习行为和需求，系统可以动态调整教学内容的表现形式和难度，实现因材施教，提高学习效率。

（三）信息传输网络化

数字化教学资源的网络化传输是教育信息化的核心特征之一。它使得教学资源能够跨越地理界限，通过互联网实现即时、广泛的传播，为远程教育和终身学习提供了可能。学习者只需一台联网设备，即可随时随地访问丰富多样的教学资源，这极大地降低了学习门槛，促进了教育公平。然而，这一过程中也面临着网络安全、版权保护、数字鸿沟等挑战。因此，构建安全、开放、共享的网络教育环境，成为教育数字化转型的重要任务。通过在线课程、远程协作项目等形式，不同国家和地区的学生与教师能够共享优质教育资源，进行跨文化交流，这不仅有助于提升全球教育的整体水平，而且促进了文化的多样性和相互理解。

（四）使用过程智能化

智能化是数字化教学资源使用的高级阶段，它利用人工智能、大数据分析等技术，根据学习者的个体特征和学习行为，自动调整教学策略，提供个性化的学习指导，实现精准教学。智能推荐系统通过分析学生的学习历史、兴趣偏好、能力水平等数据，能够精准推荐适合其当前学习需求的教学资源，避免信息过载，提高学习效率。此外，系统还能根据学生的学习进度和反馈，动态调整推荐内容，形成个性化的学习路径。自适应学习平台通过机器学习算法，实时评估学生的学习效果，并根据评估结果自动调整教学难度和节奏，确保学生既能保持学习兴趣，又能有效掌握知识点。这种智能化的教学方式有助于缩小学生之间的差异，实现因材施教。

（五）资源建设可操作化

资源建设的可操作化是指数字化教学资源平台应具备良好的开放性和可扩展性，允许师生根据自身需求，对现有资源进行编辑、重组甚至创造，形成新的教学资源，并方便地将其纳入数字化资源库中，实现资源的持续更新与优化。师生共同参与资源建设不仅能够满足教学个性化的需求，而且能够激发学生的创造力和参与度，促进教学相长。教师应鼓励学生利用所学知识和技能，制作自己的学习材料，如PPT、微课、动画等，这不仅能加深学生对知识的理解，而且能培养其信息处理和创新能力建立有效的资源迭代与共享机制，是资源建设可操作化的关键。这要求数字化教学资源平台应提供便捷的资源上传、审核、发布流程，以及完善的版权保护机制，鼓励师生将优质资源贡献出来，供更多人学习和使用。同时，通过用户评价、专家评审等方式，对资源进行定期评估和优化，确保资源库的质量和活力。

二、数字化学习资源的开发与建设

（一）设计原则

1. 科学性原则

在数字化教学资源的构建过程中，科学性原则是一项核心指导原则。它要求所有资源必须能正确反映科学知识原理和现代科学技术，确保内容的正确性和目标的明确性。这一原则不仅是教育资源质量的基本保障，而且是培养学生科学素养、形成正确认知的基石。数字化教学资源应基于最新的科学研究成果和教育理论，确保所呈现的知识准确无误。因此，这要求资源开发者应具备深厚的学科背景，能够准确理解和诠释科学概念、原理和规律，避免误导学生。同时，资源还应注重知识的系统性和逻辑性，帮助学生建立完整的知识框架，促进其深度学习。除了知识的准确性之外，科学性原则还强调在资源中融入科学方法。这包括观察、实验、推理、归纳等科学研究的基本方法，以及批判性思维、问题解决等高级认知技能。通过数字化资源，学生可以模拟实验过程、分析数据、验证假设，从而在实践中加深对科学原理的理解，培养科学探究能力。

2. 开放性原则

开放性原则要求资源库应确保在任何时候、任何地方、任何教师（学生）都可以将自己的电子作品纳入其中，从而促进资源的丰富性和多样性。这一原则体现了教育民主化和信息化的理念，有助于打破资源壁垒，实现知识的共享与创新。数字化教学资源库应提供便捷的上传、审核和发布机制，允许师生根据个人需求和教学实践，将自制的电子作品、教学案例、实验数据等上传至资源库。这不仅丰富了资源库的内容，而且激发了师生的创造力和参与度。通过统一的资源标准和元数据描述，不同来源、不同格式的资源可以在资源库中实现无缝对接和跨平台访问。这种共享机制有助于提高资源的使用效率。同时，资源的再利用也促进了教学创新，教师可以根据教学需求，对现有资源进行改编、组合，创造出新的教学方案。在数字化教学资源库的平台上，师生可以分享教学经验、讨论教学方法、评价资源质量，形成积极的互动氛围。这种社区化的学习方式有助于提高教师的专业能力，增强学生的学习动力，推动教育教学的持续改进。

3. 通用性原则

通用性原则要求所设计的资源应能适用于不同的教学情境和多种形式的学习，以满足不同学习者的需求和偏好。这一原则体现了教育个性化的理念，有助于增强教学资源的灵活性和适应性。数字化教学资源应提供丰富的参数设置和选项，允许教师根据教学需求和学习者的特点，调整资源的呈现方式、难度级别、交互形式等。这种可定制性使得资源能够更好地适应不同的教学情境，提升教学效果。随着信息技术的快速发展，学习终端和平台日益多样化，包括电脑、平板、手机等。数字化资源应能够在不同的终端和平台上流畅运行，确保学习者无论使用何种设备，都能获得一致的学习体验。数字化教学资源应涵盖多种媒体形式，如文本、图像、音频、视频等，以满足不同学习者的感官需求和认知风格。同时，资源还应提供多种学习活动类型，如自主学习、合作学习、探究学习等，以激发学习者的学习兴趣和动机。

4. 层次性原则

层次性原则主张实行模块化管理，使学习者通过对不同层次资源的使用和重组，最大限度地发挥资源的个性化潜能。这一原则体现了教育个性化的理念，有助于满足学习者的差异化需求。数字化教学资源应按照知识结构和教学逻辑，被划分为若干相对独立的模块。每个模块应具有明确的学习目标和内容，以及相应的学习活动和评估方式。这种模块化设计使得资源更加灵活，便于教师根据教学需求进行组合和调整。数字化教学资源应按照难度、复杂度、学习阶段等因素，被划分为不同的层次。学习者可以根据自己的学习水平和兴趣，选择适合自己的资源层次进行学习。这种层次化组织有助于实现因材施教，促进学习者的个性化发展。随着学习者知识和技能的增长，其对资源的需求也会发生变化。数字化教学资源应根据学习者的反馈和表现，动态调整资源的层次和组合方式，以满足其不断变化的学习需求。

5. 经济性原则

经济性原则要求以最少的投入开发出高质量、高性能的教学资源，避免资源的重复建设。这一原则体现了教育效益最大化的理念，有助于实现教育资源的合理配置和高效利用。在数字化教学资源的开发过程中，应充分考虑资源的成本投入和预期效益。这包括资源的开发成本、维护成本、使用效益，以及对学生学习效果的影响等。通过科学的成本效益分析，可以确保资源的投入与效益达到最佳平衡。通过建立资源共享机制和协同开发平台，可以提高资源的开发效率。

（二）开发过程

1. 初期制作

初期制作是数字化教学资源构建的基石，其核心任务在于广泛而精准地搜集各类媒体素材，包括图片、文字、声音、动画、视频等。这一阶段的工作不仅要求素材的丰富性，而且强调素材的教育性、准确性和适用性。在数字化时代，信息爆炸式增长为教育资源的搜集提供了前所未有的便利。然而，如何从海量信息中筛选出符合教学需求、质量上乘的素材，成为初期制作的首要挑战。这要求资源开发者具备敏锐的信息筛选能力和扎实的学科知识基础，能够准确判断素材的教育价值、科学性和适用性。具体而言，图片素材应清晰、美观，能够直观展示教学内容；文字素材应精练、准确，避免冗长和模糊表述；声音素材应清晰、无噪声，确保信息传递的准确性；动画和视频素材应流畅、生动，能够吸引学生的注意力并帮助其理解复杂概念。此外，所有素材都应遵循版权法规，确保资源的合法使用。数字化教学资源的优势在于其能够融合多种媒体形式，为学生提供丰富多样的学习体验。

在初期制作阶段，资源开发者应根据教学目标和学习者的特点，合理选择并组合不同媒体形式。例如，在教授自然科学类课程时，可以通过视频展示实验过程，帮助学生直观理解科学原理；在教授历史类课程时，可以通过图片和文字结合的方式，重现历史场景，增强学生的历史代入感。同时，动画和声音等媒体形式也可被用于创设教学情境、激发学生的学习兴趣和动机。除了搜集现有素材外，资源开发者还应注重素材的原创性和创新性。他们通过自主创作或改编素材，可以形成独特的教学资源，提升资源的竞争力和教育价值。例如，教师可以根据自己的教学经验和学生的实际需求，设计原创的动画或视频案例，以更加生动、有趣的方式呈现教学内容。

2. 资源整合

教学单元是数字化教学资源的基本组成单元，它通常围绕一个特定的教学主题或知识点展开，包含一系列相互关联的学习材料和活动。在资源整合阶段，资源开发者应根据教学目标和学生的学习路径，将搜集到的素材进行有序排列和组合，构建出清晰、连贯的教学单元。教学单元的构建应注重知识的层次性和递进性，确保学生能够在逐步深入的学习过程中，逐步掌握相关知识和技能。同时，教学单元还应包含丰富的学习活动和评估方式，以激发学生的学习兴趣和动力，并帮助其巩固所学知识。除了静态的教学单元外，数字化教学资源还应具备动态性和可扩展性。这要求资源开发者在资源整合阶段，就考虑到资源的更新、扩展和重组需求。

通过构建动态资源体系，教师可以根据教学实际和学生反馈，灵活调整资源内容和结构，以适应不断变化的教学需求。动态资源体系的构建可以借助模块化设计、元数据描述等技术手段实现。模块化设计使得资源可以像积木一样进行拆卸和重组，方便教师根据需要进行调整；元数据描述为资源的检索、组合和共享提供了便利，有助于实现资源的跨平台、跨系统互操作。在资源整合阶段，还应注重增强资源的交互性和参与性。通过设计互动环节、设置问题情境、提供反馈机制等方式，可以引导学生进行主动学习和探究学习，提升其学习体验和效果。同时，资源的交互性和参与性也有助于激发学生的学习兴趣与动力，培养其自主学习和合作学习能力。

3. 资源描述

资源描述是数字化教学资源构建的最后一环，也是确保资源在更大范围内实现互操作性和可重组性的关键。这一阶段的工作不仅要求资源的规范化描述，而且强调资源的语义化表达和共享机制建设。资源描述的首要任务是对资源进行规范化描述，即按照统一的格式和标准，对资源的属性、内容、结构等进行详细描述。这有助于实现资源的统一管理和高效检索，方便教师在海量资源中快速找到所需资源。资源的规范化描述应遵循国际通用的标准和规范。这些标准规定了资源描述的基本元素和格式，确保了资源描述的准确性和一致性。除了规范化描述外，资源描述还应注重语义化表达。语义化表达是指通过为资源添加语义标签或注释，揭示资源之间的关联和含义，从而实现资源的智能检索和推荐。语义化表达可以借助本体、语义网等技术实现。通过构建领域本体，可以明确资源之间的语义关系，提高资源的语义理解能力；通过语义网技术，可以将资源进行关联和聚合，形成知识图谱，为用户提供更加智能的资源检索和推荐服务。通过建立资源共享平台、制定资源共享规则、提供资源共享接口等方式，可以促进资源的广泛共享和高效利用。

（三）来源途径

1. 现有教学资源的数字化改造

随着信息技术的飞速发展，传统教学模式正逐渐向数字化、网络化方向转变。然而，大量优质的传统教学资源，如教科书、教辅资料、音像制品等，仍以其独特的教学价值被广大师生所使用。这些资源承载着丰富的教育信息和教学经验，是教育历史的重要组成部分。因此，将这些资源进行数字化改造，不仅有助于节省教育经费，减少重复建设，而且能使这些宝贵资源得以永久保存和广泛传播。数字化改造的技术路径主要包括扫描、录音、录像、转换格式等步骤。对于印刷品资源，如教科书、教辅资料等，可以通过高精度扫描技术将其转换为PDF、EPUB等数字格式；对于音像制品资源，如录音带、录像带等，可以通过专业的录音录像设备或软件进行数字化转换。在转换过程中，需要确保数字资源的清晰度、完整性和易用性，以便师生能够方便地进行检索和使用。数字化改造不仅是将传统资源简单地转换为数字格式，而且通过创新应用，使这些资源在数字化环境中焕发出新的生命力。例如，可以通过添加注释、标注、链接等多媒体元素，丰富资源的呈现形式；通过构建知识图谱、智能推荐系统等工具，提高资源的检索效率；还可以结合虚拟现实、增强现实等先进技术，创设沉浸式学习环境，提升学生的学习兴趣和参与度。

2. 师生创作的电子作品

展示型作品是师生通过电子形式创作的，用于展示个人或集体成果的作品。这类作品可以包括电子报告、多媒体课件、微电影、动画等。通过创作和展示这些作品，学生可以锻炼自己的表达能力、创新能力和团队协作能力；同时，作品的分享和交流也有助于激发学生的学习兴趣与分享意愿，形成积极向上的学习氛围。师生交流作品集是师生之间通过电子形式进行交流和互动的成果集合，这类作品集可以包括在线讨论记录、作业提交与批改记录、师生互评记录等。通过这些作品集，教师可以及时了解学生的学习情况和问题，提供有针对性的指导和反馈；学生也可以借此机会向教师请教问题、分享心得，促进师生之间的深度互动和有效沟通。教师对学生进行评价的作品集是数字化教学资源中不可或缺的一部分，这类作品集可以包括作业评价、课堂表现评价、项目评价等。通过数字化手段记录和呈现这些评价信息，教师可以更加全面、客观地了解学生的学习情况和发展潜力；同时，学生也可以根据评价信息进行自我反思和调整，实现个性化发展。此外，数字化评价作品集还有助于实现评价的多元化和过程化，增强评价的准确性和有效性。

3. 专业人员开发建设的资源

在资源开发过程中，专业人员负责需求分析、内容设计、技术开发、测试评估等工作。他们需要根据教学需求和目标，设计出符合教学规律和学生认知特点的资源；同时，还需要运用先进的技术手段，确保资源的交互性、易用性和可扩展性。专业人员在开发数字化教学资源时，需要遵循一定的流程和标准。首先，进行需求分析，明确教学目标和学习者特点；其次，进行内容设计，确定资源的结构、呈现方式和交互形式；再其次，进行技术开发，选择合适的开发工具和平台，实现资源的数字化呈现；最后，进行测试评估，确保资源的稳定性和可用性。在开发过程中，专业人员需要遵循统一的技术标准和规范，确保资源的兼容性和互操作性。随着教学需求的变化和技术的进步，专业人员需要定期对资源进行维护和更新。这包括修复资源中的错误和漏洞、更新过时的内容和案例、添加新的功能和模块等。通过维护和更新，可以确保资源的时效性和可用性，满足师生不断变化的学习需求。

三、数字化学习资源在教师专业发展中的应用

（一）个性化学习

1. 自主选择学习内容和学习方式

在教育领域，教师作为知识的传播者和学生心灵的引路人，其专业素养和教学能力直接影响着教育质量。然而，传统的教师培训往往采用"一刀切"的模式，忽视了教师个体之间的差异性和多样性。这种同质化的培训方式不仅难以满足教师个性化的学习需求，而且可能挫伤其学习的积极性和主动性。因此，赋予教师自主选择学习内容和学习方式的权利，成为提高教师专业素养和教学能力的关键。个性化学习为教师提供了丰富多样的学习资源，包括在线课程、学术论文、教育视频、教学案例等。这些资源涵盖了教育的各个领域和层面，能够满足教师不同层次和类型的学习需求。教师可以根据自己的专业背景、教学经验和兴趣点，自主选择适合自己的学习资源，构建个性化的学习路径。例如，对于初入职场的教师，可以选择以教学技能提升为主的在线课程和视频；对于有一定教学经验的教师，则可以深入研读学术论文和教学案例，以拓宽视野、深化理解。自主选择学习内容和学习方式，不仅有助于教师根据自身需求进行有针对性的学习，而且能激发其学习的内在动力。当教师能够根据自己的兴趣和需求选择学习资源时，他们更容易产生学习的积极性和主动性，从而在学习过程中保持持久的注意力和投入。此外，自主选择还有助于教师形成独特的教学风格和教学理念，提高其教学创新能力和实践能力。

2. 提升学习效果和学习兴趣

个性化学习能够根据教师的学习特点和进度，提供定制化的学习资源和建议，从而增强学习的针对性和有效性。例如，对于理解能力较强的教师，可以提供更高层次的学习资源和挑战；对于学习进度较慢的教师，则

可以给予更多的指导和支持。这种差异化的学习方式有助于教师在各自的基础上取得最佳的学习效果。除了提升学习效果外，个性化学习还能有效激发教师的学习兴趣。当教师能够自主选择学习内容和学习方式时，他们更容易找到与自己兴趣相契合的学习资源，从而在学习过程中感受到乐趣和满足。这种积极的学习体验不仅能够提升教师的学习动力，而且能促进其持续学习和专业成长。此外，个性化学习还鼓励教师探索新的教学理念和方法，从而不断拓宽自己的教学视野，提高实践能力。

（二）教学创新

1. 教育技术的学习与应用

教育技术作为现代教育的重要组成部分，涵盖了多媒体教学、在线学习平台、教育数据分析等多个领域。它不仅能够优化教学过程，而且能够提升教学效果和学习体验。因此，教师需要不断学习和掌握这些新兴技术，以适应教育信息化的发展趋势。通过学习教育技术，教师能够了解最新的教学理念和方法，掌握先进的教学工具和资源，从而为创新教学实践奠定坚实的基础。在教育技术的应用实践中，教师可以根据教学目标和学生需求，灵活选择与使用多种教学工具和资源。例如，利用多媒体教学工具，教师可以创建生动有趣的课件，吸引学生的注意力；通过在线学习平台，教师可以发布课程资源，引导学生进行自主学习和协作学习；借助教育数据分析技术，教师可以精准了解学生的学习情况，为个性化教学提供数据支持。这些技术的应用不仅丰富了教学方式和方法，而且增强了教学的针对性和有效性。教育技术的融入推动了教学方式从传统的讲授式向探究式、项目式、合作式等多元化方向转变。教师可以利用教育技术创设虚拟实验环境，让学生在模拟情境中探究知识；可以设计跨学科的项目任务，引导学生在解决问题的过程中学习新知；还可以组织学生进行在线协作学习，培养他们的团队合作能力和沟通能力。这些创新的教学方式不仅激发了学生的学习兴趣和积极性，而且培养了他们的创新思维和实践能力。

2. 教学创新提升课程效果与学生学习质量

教学创新强调以学生为中心，关注学生的个体差异和学习需求，通过设计多样化的教学活动和任务，激发学生的学习兴趣和积极性。例如，采用翻转课堂的教学模式，让学生在课前通过数字化学习资源自主学习新知识，在课堂上进行深度讨论和实践操作，从而加深对知识的理解和掌握。这种创新的教学方式不仅提升了学生的参与度和学习效果，而且提升了课程的整体效果。通过创新的教学方式和方法，教师可以更好地引导学生进行自主学习和探究学习，培养他们的批判性思维和创新能力。同时，教学创新还能帮助学生建立知识之间的联系，形成系统的知识结构，从而提高他们的综合应用能力和解决问题的能力。此外，教学创新还注重个性化教学，根据学生的不同需求和学习风格，提供定制化的学习资源和指导，从而满足学生的个性化学习需求，提升他们的学习质量和学业成绩。

（三）教师合作

1. 在线平台和社交媒体等渠道

在线平台和社交媒体等渠道的兴起，使得教师能够跨越地理和时间的障碍，与全球范围内的同行进行即时的交流和合作。在线平台和社交媒体等渠道不仅为教师提供了交流的平台，而且促进了多元化的互动方式。教师可以通过这些平台发布教学心得、分享教学资源、参与专业研讨，从而与同行建立紧密的联系和合作。这种多元化的互动方式不仅有助于教师拓宽视野、更新教学理念，而且能激发其合作潜能，共同探索新的教学方法和策略。在这个共同体中，教师可以相互学习、相互支持，共同面对教学中的挑战和问题。通过持续的交流和合作，教师能够不断提高自己的专业素养和教学能力，实现专业成长和职业发展。

2. 教师合作

通过交流和合作，教师可以共享自己在教学过程中积累的优秀教学资源，如教案、课件、教学视频等。这些资源的共享不仅有助于丰富教学内容，而且能增强教学资源的针对性和实用性。同时，教师之间的互补性合作能够弥补个体在教学资源和能力上的不足，从而优化教学内容，提升教学质量。不同的教师有着不同的教学风格和策略，通过交流和合作，教师可以相互借鉴和学习对方的教学方法，从而拓宽自己的教学视野和思路。这种互鉴过程不仅有助于教师发现新的教学方法和策略，而且能激发其创新精神，推动教学改革的深入发展。最终，这些创新的教学策略将被应用到实际教学中，显著提升教学效果和学生的学习体验。通过与其他教师的交流和合作，教师可以对自己的教学过程进行深入的反思和剖析，从而发现教学中的问题和不足。同时，其他教师的反馈和建议也能为教师提供宝贵的改进意见。这种反思的过程有助于教师不断提高自己的教学能力，为提升教学质量和教学效果奠定坚实的基础。

第三节　在线学习平台与社群建设

一、教师培训在线学习平台的建设

（一）平台的选择与设计

1. 平台选择

在选择教师培训在线学习平台时，必须进行全方位、多维度的考量，以确保所选平台能够高效、稳定地承担起教师培训的重任。平台的稳定性是首要考虑的因素，关系到学习过程的连续性和数据的安全性。一个稳定的平台能够确保教师在学习过程中不受技术故障的干扰，从而专注于知识的吸收与技能的提升。同时，数据的安全性也不容忽视，它涉及教师个人信息和学习成果的保护，是平台信誉和专业性的重要体现。易用性同样是评估平台优劣的重要指标。一个设计合理、界面友好的平台，能够降低教师的学习成本，提高学习效率。易用性不仅体现在平台的操作界面上，而且包括学习资源的组织方式、导航系统的便捷性、用户支持的有效性等多个方面。一个易于使用的平台，能够让教师更快地熟悉并适应在线学习环境，从而更加专注于学习本身。

功能丰富度是判断平台能否满足教师培训多样化需求的关键。一个优秀的在线学习平台应该提供包括课程管理、学习资源上传与下载、在线测试、作业提交、学习进度跟踪、互动交流等在内的一系列功能。这些功能不仅能够满足教师自主学习的需求，而且能够支持教师之间的协作学习和交流分享，从而构建一个完整、多元的学习生态系统。在选择平台时，还应重点关注其在教育领域的口碑和技术实力。像Moodle、Blackboard、Coursera等平台，在教育领域拥有广泛的用户基础和良好的口碑，它们的技术成熟、持续更新，且不断推出创新功能以满足用户需求。这些平台不仅提供了丰富的在线学习资源，而且通过强大的教学管理和互动功能，为教师培训提供了全方位的支持和保障。

2. 平台设计

平台设计的核心理念应始终围绕用户友好原则展开，确保界面呈现简洁明了，操作流程直观便捷，以此提升用户体验与学习效率。这一原则要求设计者在平台架构与界面布局上，需要深入理解用户的认知习惯与行为模式，通过精简的信息展示与直观的操作逻辑，消除学习过程中的认知负担，使教师能够迅速掌握平台的使用方法，专注于学习内容的吸收与内化。

在追求用户友好的同时，平台设计还需要具备高度的可定制性，以灵活适应不同培训目标与教师需求的多样性。可定制性意味着平台应提供丰富的配置选项与模块化设计，允许管理者或教师根据具体培训要求，对学习资源进行有序组织与个性化搭配。例如，理论教学模块用于系统传授教育理论与教学方法；案例分析模块通过具体案例剖析，促进理论与实践的深度融合；实践反思模块则鼓励教师结合个人教学实践进行反思与总结，从而形成一个完整、层次分明的学习路径。这种模块化设计不仅有助于满足教师不同层次与类型的学习需求，而且能够激发其学习的主动性与创造性。教师可根据自身专业发展阶段与兴趣点，选择最适合自己的学习路径，实现个性化学习目标的设定与达成。此外，可定制性还体现在平台对学习资源的动态更新与扩展能力上，确保平台能够紧跟教育改革步伐与学科发展前沿，为教师提供最新、最全面的学习资源与工具支持，助力其专业成长与持续发展。

（二）学习资源的开发与整合

1. 资源开发

学习资源作为在线学习平台的核心构成要素，其质量与多样性直接关系到学习效果的优劣及教师培训的成效。因此，在资源开发的过程中，必须严格遵循科学性、实用性、创新性的原则，以确保所开发的在线课程与学习材料既能够反映教育领域的最新研究成果和教学实践，又能够切实满足教师的实际需求，提升其专业技能与教学理念。科学性原则要求资源开发者在内容编排与知识点呈现上，需要依据教育心理学、学习科学等理论，确保课程内容的系统性、逻辑性与准确性。这包括对学习目标的明确界定、知识点的科学分类与层级递进，以及评估方式的合理设计等，以形成一套完整、科学的学习体系。

实用性原则强调资源应紧密贴合教学实际，解决教师在教育教学过程中遇到的具体问题。这要求开发者深入调研教师的实际需求，邀请教育专家、学者、一线优秀教师共同参与课程设计与资源开发，通过他们的专业视角与实践经验，确保课程内容既具有理论深度，又便于实践操作，真正实现理论与实践的有机结合。创新性原则鼓励在资源开发中积极采用现代信息技术手段，如虚拟现实、增强现实等技术，以创新学习资源的形式与呈现方式，增强学习的趣味性与互动性。这些技术不仅能够为教师提供沉浸式的学习体验，使其能够在模拟的情境中进行实践操作与反思，而且能够通过交互式的学习方式，激发教师的学习兴趣与探索欲望，促进其深度学习与自主发展。通过不断创新学习资源，能够为教师培训注入新的活力，推动教育改革的深入发展。

2. 资源整合

除了自主开发学习资源这一核心途径外，整合现有资源同样是在线学习平台丰富内容、提升质量的重要策略。通过与各大教育资源库、开放课程平台等建立广泛的合作关系，可以实现优质教育资源的共享与互补，从而极大地拓宽学习资源的来源渠道，提升平台的资源储备。这种合作模式不仅能够提高资源利用效率，而且能够促进不同平台之间的知识流动与经验交流，推动教育资源的持续优化与升级。在此基础上，鼓励教师上传个人的教学经验和案例，是构建资源共享良性循环的关键举措。通过平台提供的上传与分享功能，教师可以轻松地将自己的教学成果与同行共享，这不仅能够促进教师之间的经验交流与相互学习，而且能够为学生提供更加贴近实际、生动有趣的学习材料。同时，这种资源共享机制还能够激发教师的创造力与参与热情，形成一个充满活力与创新的教师学习社群，共同推动教育实践的进步与发展。

此外，在整合现有资源的过程中，还需要注重资源的筛选与审核机制，确保所引入资源的科学性、准确性与实用性，以维护平台的学术声誉与教育价值。通过构建一套完善的资源评价体系与反馈机制，可以引导教师与学习者共同参与资源的评估与改进，实现资源的持续优化与迭代，为教师培训提供更加高质量、多元化的学习资源支持。

（三）教学管理与评估

1. 教学管理

在线学习平台作为支撑教师培训的重要载体，其教学管理功能的完善性和高效性直接关系到学习过程的有序进行与学习成果的有效达成。一个优秀的在线学习平台，应集成学员管理、课程安排、学习进度跟踪等一系列教学管理功能，以实现对教师学习全过程的精细化管理与个性化支持。学员管理功能需要具备完善的用户信息管理与分组机制，以便管理者能够清晰掌握每位教师的基本情况、学习背景、学习需求，进而为其提供定制化的学习路径与资源推荐。同时，通过实时的学员状态监控，可以及时发现学员在学习过程中可能存在的困难与障碍，迅速响应并提供必要的帮助与支持，确保每位教师都能在学习旅程中保持积极的学习状态与良好的学习进度。

课程安排功能需要根据教师培训的目标与要求，科学合理地规划学习计划与课程序列，确保学习内容的连贯性与层次性。通过灵活的排课与选课机制，可以满足教师个性化的学习需求与兴趣偏好，增强其学习的主动性与参与度。学习进度跟踪功能能够实时记录并分析每位教师的学习轨迹与成果，包括学习时间、学习进度、测试成绩等关键数据。利用先进的数据分析技术，可以深入挖掘教师的学习行为模式与学习成效关联，为教学改进提供数据支持与决策依据。通过定期的学习进度反馈与效果评估，教师可以清晰地了解自身的学习状况，及时调整学习策略，实现学习效率与质量的双重提升。

2. 学习评估

一个优秀的在线学习平台应当提供多样化、全面化的评估方式，以确保对教师学习成果的准确衡量与深度剖析。在线测试、作业提交、项目实践等评估手段，构成了一个多维度、多层次的评估体系，旨在从不同角度、不同层面反映教师的学习成效与存在问题。在线测试通过精心设计的题目与即时的反馈机制，能够高效检测教师对知识点的掌握程度与理解深度，为教学改进提供精确的数据支持。作业提交鼓励教师将所学知识应用于实际问题解决中，通过作业的完成情况，可以直观反映其学习成果的实践价值与创新能力。项目实践则更进一步，要求教师围绕特定主题或问题，进行综合性的研究与实践，通过项目的策划、实施与成果展示，全面考察其专业素养、团队协作与问题解决能力。

这些评估方式不仅有助于及时发现教师在学习过程中存在的问题与不足，为后续的教学改进提供明确的方向与策略，而且能够将评估结果与教师的职业发展紧密挂钩，形成有效的激励机制。通过将学习评估与职业晋升、专业发展等目标相结合，可以激发教师参与在线学习的内在动力与外在积极性，促进其持续学习与专业成长。同时，学习评估还应注重过程性评价与终结性评价的有机结合，既关注教师学习过程中的表现与进步，又重视其最终学习成果的达成与质量，从而确保评估的全面性、客观性与公正性，为教师的专业发展提供坚实可靠的保障。

二、教师培训社群的建设

（一）社群的构建与运营

1. 社群构建

教师培训社群的构建，应根植于共同的目标与兴趣这一坚实基础之上，旨在通过集结具有相似教育愿景与追求的教师群体，促进知识的共享、经验的交流与智慧的碰撞。为实现这一目标，可充分利用在线学习平台、社交媒体等多元化渠道，广泛邀请志同道合的教师加入社群，打破地域与时间的限制，构建起一个跨越学科、层次与背景的广泛交流网络。社群成员的多样性是确保交流与讨论深度与广度的关键。应努力吸纳涵盖不同学科领域、处于不同职业发展阶段的教师，以便在社群内部形成多角度、多层次的对话空间。这种多样性不仅能够促进跨学科知识的融合与创新，而且能够使教师从同事的经验与视角中获得启发，拓宽自身的教育视野与思维边界。

邀请教育专家、学者等作为社群顾问，是提升社群专业水准与引导深度讨论的重要举措。这些专家和学者凭借其深厚的理论功底与丰富的实践经验，能够为社群提供专业、权威的指导与支持，帮助教师解决教学实践中遇到的难题，引导其探索教育创新的新路径。他们的参与不仅能够提升社群的整体质量，而且能够增强教师的专业认同感与归属感，激发其持续学习与专业成长的内在动力。

2. 社群运营

社群运营作为社群建设不可或缺的关键环节，其有效实施对于确保社群的健康有序发展、促进教师之间的深度交流与合作具有至关重要的作用。制定明确的社群规则与管理制度是社群运营的基础。这些规则与制度应涵盖社群成员的行为规范、交流准则、资源分享原则等方面，旨在营造一个积极向上、和谐有序的交流环境。通过明确的规则引导与制度约束，可以有效避免社群内部的冲突与混乱，保障每名成员的权益与尊严，从而促进社群的长期稳定发展。在社群规则与管理制度的基础上，积极组织线上线下的社群活动是增强社群凝聚力与活力的重要途径。教学研讨会、经验分享会等活动不仅能够为教师提供展示自我、交流思想的平台，而且能够促进教育理念与实践的碰撞与融合，激发新的教学灵感与创意。这些活动应注重内容的丰富性与形式的多样性，以满足不同教师的学习需求与兴趣偏好，从而吸引更多教师积极参与，形成热烈的交流氛围与浓厚的合作文化。

此外，利用社群平台发布教育资讯、教学资源等是社群运营中不可忽视的一环。通过及时、准确地传递教育领域的最新动态与研究成果，可以帮助教师把握教育改革的脉搏，紧跟时代发展的步伐。同时，共享优质的教学资源，如教学设计案例、课件模板、教学视频等，能够为教师提供便捷的信息获取渠道，减轻其备课负担，提升其教学效率与质量。这些资源的共享与交流不仅能够促进教师个人的专业成长，而且能够推动整个教师群体的共同进步与发展。

（二）社群文化的培育

1. 价值观塑造

社群文化的核心在于其共享的价值观，这是凝聚社群成员精神力量、引领社群发展方向的内在基石。在教师培训社群中，应积极通过社群活动、交流讨论等多元化方式，深入传播正确的教育理念与教学观念，旨在引导教师树立正确的价值观与职业观，共同塑造一个积极向上、富有使命感的社群文化。教育理念与教学观念的传播不应仅仅停留在理论层面，而应紧密结合教学实践，通过具体的案例分析、教学研讨等活动，使教师深刻理解并内化这些理念与观念。这不仅能够提高教师的专业素养与教学能力，而且能够激发其对教育事业的热情与责任感，形成对教育工作的深刻认同与高尚追求。同时，鼓励教师分享自己的教学经验和心得，是构建积极向上社群氛围的关键。每位教师都有其独特的教学风格与宝贵的实践经验，通过分享与交流，不仅可以实现知识的共享与智慧的碰撞，而且可以增进教师之间的相互理解与支持，形成团结协作、共同进步的社群精神。

2. 信任与尊重

在社群这一特定的社会集合体中，信任与尊重被公认为构建良好关系、促进和谐互动的基石。教师培训社群同样如此，其健康发展与持续繁荣离不开成员间深厚的信任基础和相互尊重的文化氛围。为达到这一目标，应大力倡导并实践坦诚交流与相互支持的原则，鼓励教师在社群中勇于表达自己的真实想法与见解，同时也能够倾听并理解他人的观点与需求。这种开放、包容的交流环境有助于消除误解与隔阂，增进成员间的相互了解与信任，从而形成互信互助、共同进步的良好氛围。与此同时，尊重教师的个性与差异，是社群文化多样性的重要体现，也是激发社群活力与创造力的关键。每位教师都有其独特的教育背景、教学风格与个人专长，这些差异构成了社群丰富多样的资源宝库。应充分肯定并鼓励教师发挥自身的优势与特长，为其提供展示自我、实现价值的舞台。这不仅能够激发教师的内在动力与创造潜能，而且能够促进社群内部的知识共享与经验传承，为社群的发展注入源源不断的活力与动力。通过构建基于信任与尊重的社群文化，可以有效促进教师之间的深度合作与资源共享，为教师培训提供更为广阔的学习空间与成长平台。同时，这种文化氛围还能够增强社群的凝聚力与向心力，吸引更多优秀教师加入，共同推动社群向着更高水平、更深层次发展，为教育事业的持续进步与发展贡献力量。

（三）社群影响力的提升

1. 品牌建设

通过持续而系统的品牌建设策略，能够有效提升教师培训社群的影响力与知名度，进而在更广泛的教育领域内树立其独特的品牌形象与地位。品牌建设的第一步在于设计独具特色的社群标识与口号，这些视觉与语言元素不仅是社群形象的直观体现，而且是其精神内涵与价值追求的高度凝练。社群标识应简洁明快、易于识别，能够迅速抓住观众的注意力并留下深刻印象；口号则应精练有力、富有感召力，能够准确传达社群的教育理念与核心价值，激发教师的共鸣与认同。然而，品牌建设需要通过持续的宣传与推广，将社群的独特魅力与显著成果广泛传播，以吸引更多优秀教师的关注与加入。这要求社群管理者积极运用多元化的传播渠道与手段，如社交媒体、教育论坛、学术会议等，定期发布社群的最新动态、教学创新案例、成员成长故事等，充分展示社群的活力与成就。通过这些生动的宣传内容，不仅能够向外界传递社群的正能量与影响力，而且能够激发潜在成员的加入意愿，扩大社群的规模与影响力。

2. 合作与交流

通过与其他教育机构、学术团体等建立广泛的合作与交流关系，教师培训社群能够显著拓宽其视野，增强其在教育领域的影响力与话语权。这种跨组织、跨领域的合作模式不仅有助于社群成员接触并吸收多元化的教育理念与教学方法，而且能够促进不同地区、不同背景教师之间的深度交流与合作，打破地域限制，实现知识与智慧的共享。具体而言，组织跨区域的社群活动是一种有效的合作方式。这类活动可以围绕共同的教育主题或教学难题，邀请来自不同地区的教师参与研讨与实践，通过面对面的交流与互动，加深彼此的理解与信任，共同探索教育创新的新路径。这种跨区域的合作不仅能够促进教育资源的优化配置与共享，而且能够激发教师的创新思维与实践能力，提升社群的整体教学水平，提高研究能力。同时，邀请国内外知名教育专家进行线上线下的讲座与交流，是提升社群专业水平与影响力的另一重要途径。这些专家通常拥有深厚的学术造诣与丰富的实践经验，他们的分享能够帮助社群成员把握教育发展的前沿动态，理解教育改革的深刻内涵，从而在教学实践中更加自觉地运用先进理念与方法。通过与专家的直接对话与互动，社群成员还能够获得宝贵的个性化指导与反馈，促进个人专业成长的加速与深化。

三、教师培训在线学习平台与社群建设的整合

（一）平台与社群的互动

在线学习平台与社群的有效互动与融合应基于双方的互补优势和共同目

标，旨在构建一个既能够提供高质量学习资源，又能够促进教师深度交流与合作的综合体系。在线学习平台应成为发布社群活动信息、分享社群成果的重要渠道。通过平台的高效信息传播能力，可以迅速吸引更多教师的关注与参与，扩大社群活动的覆盖面与影响力。同时，社群活动的精彩瞬间、成员的成长故事、教学创新的成功案例都可以通过平台进行展示与传播，以此激发更多教师的学习热情与参与动力，形成积极向上的学习氛围。

社群所拥有的丰富资源与强大力量也应成为在线学习平台的重要支撑。社群成员在教学实践中积累的宝贵经验、独特见解与成功案例，都是不可多得的学习资源与案例素材。通过将这些资源整合并分享至平台，不仅可以丰富平台的学习内容，增强其专业性与实用性，而且可以促进教师之间的知识共享与经验交流，推动整个教师群体的共同进步与发展。这种在线学习平台与社群的互动与融合，不仅有助于提升教师的学习效率与质量，而且能够促进社群内部的凝聚力与活力，为教育事业的持续发展注入新的动力与活力。

（二）学习成果的转化与应用

在线学习平台与社群建设的终极目标，旨在全面提升教师的教学质量与专业能力，进而推动教育事业的持续进步与发展。为实现这一宏伟目标，必须高度重视学习成果的转化与应用，确保教师所学知识与技能能够真正落地，有效指导并优化教学实践。教学比赛与教学成果展示等活动，是促进学习成果转化与应用的有效手段。通过组织这些活动，不仅可以为教师提供展示自我、交流经验的舞台，而且可以激发其将所学知识应用于教学实践的积极性与创造力。在教学比赛中，教师可以围绕特定主题或问题，展示自己的教学设计与实施过程，通过同行评审与专家点评，获得宝贵的反馈与建议，从而不断完善自己的教学策略与方法。教学成果展示能够直观反映教师的教学成效与创新实践，为其他教师提供可借鉴的范例与启示，促进整个教师群体的共同进步。同时，建立教学反思和评估机制是确保教学质量持续提升的关键环节。教学反思应贯穿于教师日常教学的始终，鼓励其对自己的教学实践进行深度剖析与理性思考，发现并解决存在的问题与不足。评估机制应结合学生的学习反馈、同行评价、教学效果的量化分析，为教师提供全面、客观的评价结果，帮助其明确改进方向，优化教学策略与方法。

（三）持续改进与创新

在线学习平台与社群建设，作为教育领域内一种重要的创新模式，其持续改进与创新是确保其生命力与影响力的关键。这一进程不应是一成不变的，而应是一个动态调整、不断优化的过程，以适应教育技术的发展趋势与教学改革的新要求。为实现这一目标，定期收集教师与学员的反馈意见显得尤为重要。这些反馈不仅是对平台与社群现有功能与内容的直接评价，而且是对未来改进方向的宝贵建议。通过系统的数据收集与分析，可以精准识别平台与社群在用户体验、学习资源、互动机制等方面存在的问题与不足，为后续的功能优化与内容更新提供有力的依据。同时，关注教育技术的发展趋势与教学改革的新要求，是在线学习平台与社群建设保持前沿性和创新性的重要保障。随着人工智能、大数据、云计算等技术的迅猛发展，教育领域正经历着前所未有的变革。平台与社群应积极拥抱这些新技术，探索其在教师培训中的创新应用，如智能化学习推荐、大数据学情分析、云端协作教研等，以增强培训的针对性与实效性。

第四节　人工智能辅助教师培训

一、个性化学习路径的构建

（一）数据分析与挖掘

1. 数据收集与预处理

数据收集是数据分析与挖掘的第一步。在教师培训过程中，学习管理系统可以记录教师的登录时间、学习时长、浏览内容、测试成绩等基本信息。此外，通过问卷调查、访谈、课堂观察等方法，还可以收集到关于教师学习态度、动机、偏好等主观数据。这些数据构成了一个多维度、多层次的数据集，为后续分析奠定基础。数据预处理是确保数据质量的关键环节。它包括数据清洗、数据集成、数据变换和数据归纳等操作。数据清洗旨在去除重复、错误或不完整的数据；数据集成是将来自不同来源的数据进行整合，以形成统一的数据视图；数据变换通过对原始数据进行编码、转换或离散化处理，使其更适合于后续分析；数据归纳通过降维、聚类等方法，提取数据中的关键信息，减少数据冗余。

2. 数据分析方法

在数据分析阶段，可采用多种统计分析和机器学习方法，以揭示教师的学习习惯与需求。描述性统计用于概括和总结数据的基本特征，如均值、标准差、频数分布等，帮助培训者了解教师学习的整体情况。推断性统计通过假设检验、方差分析等方法，探究不同变量之间的关系，如学习时间与测试成绩之间的相关性。机器学习方法，如聚类分析、决策树、随机森林等，能够进一步挖掘数据中的隐藏模式和规律。聚类分析可以将教师按照学习习惯、学习成绩等特征进行分类，从而识别出不同的学习群体；决策树和随机森林等分类算法被用于预测教师的学习成果或学习需求，为制订个性化的培训计划提供依据。

3. 数据挖掘的应用

通过数据分析与挖掘，可以揭示出教师的学习习惯、优势与短板。例如，通过分析教师的学习进度数据，可以发现哪些教师更倾向于提前完成学习任务、哪些教师需要更多的学习时间；通过测试成绩分析，可以识别出教师在哪些知识点上存在掌握不牢固的情况；通过互动情况分析，可以了解教师在学习过程中的参与度和积极性。这些数据为制订个性化的培训计划提供了有力依据。培训者可以根据教师的不同学习需求和习惯，设计符合其特点的培训内容、方式和进度。同时，通过持续的数据监测和分析，还可以及时调整培训计划，以确保培训效果的最大化。

（二）智能推荐系统

1. 推荐算法的选择与优化

常见的推荐算法包括基于内容的推荐、协同过滤推荐和混合推荐等。基于内容的推荐主要依据教师的学习历史和内容特征进行推荐，适用于内容相似度较高的场景；协同过滤推荐通过分析教师的学习行为和其他教师的行为进行比较，找出相似的用户进行推荐，适用于用户群体较大且行为数据丰富的场景。在实际应用中，往往需要根据具体场景和数据特点选择合适的推荐算法，并通过参数调整、模型融合等方法进行优化。例如，可以通过引入时间衰减因子，强调教师近期学习行为的重要性；通过引入用户反馈机制，不断优化推荐结果；通过结合多种算法，弥补单一算法的不足，增强推荐的准确性和多样性。

2. 学习资源的多样化与个性化

智能推荐系统能够为教师提供多样化的学习资源，包括教学案例、理论知识、软件操作教程、在线实践机会等。这些资源可以根据教师的不同需求进行个性化推荐。例如，对于在教学方法上有困惑的教师，系统可以推荐相关的教学案例和理论知识，帮助其拓宽视野、提升理念；对于需要提高信息技术应用能力的教师，系统可以提供针对性的软件操作教程和在线实践机会，帮助其掌握实际操作技能。此外，智能推荐系统还可以根据教师的学习进度和反馈，动态调整推荐的学习资源。当教师完成某一阶段的学习任务后，系统可以自动为其推荐下一阶段的学习资源；当教师对某一资源表现出浓厚的兴趣时，系统可以进一步推荐相关的深入学习资源。这种动态调整有助于保持教师的学习连贯性和积极性。

3. 推荐效果的评估与反馈

为了确保智能推荐系统的有效性和可靠性，需要对其推荐效果进行定期评估。评估指标可以包括推荐准确率、覆盖率、多样性等。推荐准确率反映了系统推荐的资源与教师实际需求的匹配程度；覆盖率衡量了系统能够推荐的资源范围；多样性体现了推荐结果的多样性和新颖性。同时，还需要建立有效的反馈机制，收集教师对推荐结果的反馈意见。这些反馈意见可以用于优化推荐算法、调整学习资源库等，从而不断提升智能推荐系统的性能和用户满意度。

（三）动态调整学习难度

1. 学习难度的动态评估

动态调整学习难度的前提是对教师学习能力的准确评估。这可以通过分析教师的学习历史、测试成绩、互动情况等多维数据来实现。例如，当教师在某一知识点上的测试成绩较高时，可以认为其对该知识点掌握较好，可以适当增加后续学习内容的难度；当测试成绩较低时，则需要降低学习内容的难度，以帮助教师巩固基础知识。此外，还可以通过分析教师的学习行为特征来评估其学习能力。例如，当教师能够迅速理解并应用新知识时，可以认为其学习能力较强，可以适当增加学习内容的难度和深度；当教师在学习过程中表现出较多的困惑和错误时，则需要降低学习内容的难度，以减轻其学习负担。

2. 学习内容的动态调整

基于对教师学习能力的动态评估，智能教育系统可以自动调整学习内容的难度和深度。这包括调整知识点的难易程度、增强或降低学习任务的复杂性、提供不同层次的练习题等。例如，当教师掌握某一知识点后，系统可以自动为其推荐更高层次的相关知识点或练习题；当教师在某一知识点上存在困难时，系统可以提供详细的讲解和示例，帮助其理解并掌握该知识点。这种动态调整不仅有助于保持教师的学习积极性和兴趣，而且可以提高学习效率，提升学习效果。通过不断挑战自己的学习能力，教师可以逐步提升自己的专业水平；同时，通过及时巩固基础知识，教师可以避免因知识漏洞而导致的后续学习困难。

二、智能化教学辅助工具的应用

（一）虚拟助教

1. 虚拟助教的技术基础

自然语言处理使虚拟助教能够理解人类的语言，从而与教师进行流畅的对话。这涉及语音识别、语义理解、对话生成等多个环节。通过语音识别技术，虚拟助教可以将教师的语音输入转化为文本；通过语义理解技术，它可以准确把握教师的意图和需求；通过对话生成技术，它可以生成符合语境和逻辑的回应。机器学习是虚拟助教不断优化和完善自身能力的关键。通过训练大量的对话数据，虚拟助教可以学习到不同语境下的对话模式和知识，从而在面对新问题时能够作出更准确的回应。此外，机器学习还可以使虚拟助教具备自我学习和自我适应的能力，以便在与教师互动的过程中不断优化其性能。

2. 虚拟助教的功能与优势

虚拟助教在教师培训中可以为教师提供即时的解答和反馈，无论是关于教学理论的疑问还是关于教学实践的困惑，虚拟助教都能迅速给出解答，帮助教师及时解决问题。这种即时性对于提高教师的学习效率、增强教师的积极性具有重要意义。其次，虚拟助教能够理解教师的复杂需求，并提供个性化的解决方案。通过自然语言处理和机器学习技术，虚拟助教可以分析教师的提问方式和语境，从而准确把握其真实需求。它可以根据教师的个性化特点和学习历史，为其提供定制化的解答和建议。这种个性化服务有助于满足教师的多样化需求，提升其学习效果。最后，虚拟助教还具有不受时间和地点限制的优势。无论是在工作时间还是业余时间，无论是在学校还是在家里，教师都可以随时与虚拟助教进行互动，获取所需的帮助和支持。这种灵活性使得虚拟助教成为教师培训中一种高效、便捷的学习工具。

3. 虚拟助教的应用前景

随着人工智能技术的不断发展和完善，虚拟助教在教师培训中的应用前景将更加广阔。虚拟助教不仅可以为教师提供即时的解答和反馈，而且可以与其他教育技术进行深度融合，形成更加完整、高效的教育生态系统。例如，它可以与智能教学模拟系统相结合，为教师提供模拟教学的支持和反馈；可以与自动化评估与反馈系统相结合，为教师提供作业评估和教学改进的建议。同时，虚拟助教还可以根据教师培训的实际需求，不断拓展其功能和应用场景。例如，虚拟助教可以开发更多针对特定学科或教学领域的虚拟助教，以满足不同教师的专业需求；可以引入更多先进的人工智能技术，如深度学习、强化学习等，以提升其智能化水平和服务质量。

（二）智能教学模拟

1. 智能教学模拟的技术实现

智能教学模拟的技术实现主要依赖于人工智能技术中的模拟器和机器学习算法。模拟器可以模拟出真实的教学环境，包括教室布局、学生行为、教学设备等。这使得教师能够在虚拟的环境中进行教学实践，感受真实的教学场景。机器学习算法是智能教学模拟中的核心。通过训练大量的教学数据和互动数据，人工智能可以学习到学生的行为模式和认知特点，从而模拟出真实学生的反应和表现。这使得教师在模拟教学中能够与人工智能进行自然的互动，获得与真实教学相似的体验。

2. 智能教学模拟的功能与优势

智能教学模拟在提升教师教学技能方面具有显著的功能和优势，为教师提供了一个无压力的教学实践环境。在模拟教学中，教师不必担心学生的真实反应和成绩，可以专注于教学本身，尝试不同的教学方法和策略。这有助于教师放松身心，更好地发挥自己的教学水平。其次，智能教学模拟能够提供即时的反馈和改进建议。通过与人工智能的互动，教师可以了解自己在教学过程中的表现和不足，如语言表达是否清晰、教学方法是否得当等。同时，人工智能还可以根据教师的教学表现和数据分析，为其提供有针对性的改进建议，帮助教师不断提升自己的教学技能。此外，智能教学模拟还具有可重复性和可定制性的特点。教师可以多次进行模拟教学，不断调整和改进自己的教学策略，直到达到满意的效果。同时，他们还可以根据自己的教学需求和学生特点，定制不同的模拟教学场景和人工智能学生行为，以获得更加个性化的教学体验。

3. 智能教学模拟的应用与发展

智能教学模拟作为教师培训的一种创新方式，其应用前景十分广阔。未来，它不仅可被用于提升教师的教学技能，而且可被用于研究教学理论、开发新的教学方法和策略等方面。同时，随着人工智能技术的不断进步和普及，智能教学模拟有望成为教师培训中的常规手段，为教师的专业发展提供强有力的支持。在智能教学模拟的发展过程中，还需要关注其与其他教育技术的融合与创新。例如，它可以与虚拟现实技术相结合，为教师提供更加沉浸式的模拟教学体验；可以与大数据分析技术相结合，为教师提供更加精准的教学反馈和改进建议。这些融合与创新将进一步推动智能教学模拟的发展和应用。

（三）自动化评估与反馈

1. 自动化评估与反馈的技术原理

通过训练大量的作业数据和教学实践数据，人工智能可以学习到评估的标准和方法，从而能够对教师的作业和教学实践进行自动评估。在评估过程中，首先，人工智能会对教师的作业或教学实践进行预处理和分析，提取出关键的特征和信息。其次，人工智能会利用机器学习算法对这些特征和信息进行分类和评分，得出评估结果。最后，人工智能还会根据评估结果和教师的个性化特点，为其提供针对性的改进建议。

2. 自动化评估与反馈的功能与优势

自动化评估与反馈大大提高了评估的效率，增强了评估的准确性。相比传统的人工评估方式，自动化评估与反馈可以在短时间内处理大量的作业和教学实践数据，并给出准确的评估结果。这不仅减轻了培训者的工作负担，而且增强了评估的公正性和客观性。自动化评估与反馈能够为教师提供个性化的改进建议。通过分析教师的作业和教学实践数据，人工智能可以了解其在教学中存在的问题和不足，并根据其个性化特点为其提供针对性的改进建议。这有助于教师明确自己的改进方向和目标，提升教学效果和学生的学习成绩。此外，自动化评估与反馈还具有可持续性和可扩展性的特点。随着人工智能技术的不断进步和数据的不断积累，自动化评估与反馈的准确性和可靠性将不断增强。同时，它还可以根据教师培训的实际需求，不断拓展评估范围和功能，如增加新的评估指标、引入新的评估方法等。

3. 自动化评估与反馈的应用与挑战

自动化评估与反馈不仅可用于评估教师的作业和教学实践，而且可用于评估教师的教学设计、课堂管理等方面。同时，随着人工智能技术的不断进步和普及，自动化评估与反馈有望成为教师培训中的常规手段，为教师的专业发展提供有力的保障。然而，在自动化评估与反馈的应用过程中，也面临着一些挑战和问题。例如，如何确保评估的准确性和公正性、如何保护教师的隐私和数据安全、如何与现有的教育评估体系相融合等。为了解决这些问题，需要不断完善自动化评估与反馈的技术和方法，加强相关法规和政策的建设与执行；还需要与教师培训的其他环节进行紧密的协调和配合。

三、促进教师专业发展与终身学习

（一）在线学习资源与平台

1. 人工智能技术驱动下的在线学习资源汇聚

人工智能技术通过智能抓取、筛选与分类，将互联网上散落的教育资源进行有效整合，构建起庞大的在线学习资源库。这些资源涵盖了从基础教育到高等教育、从学科知识到教育技能、从理论教学到实践案例的全方位内容，满足了教师不同层次、不同领域的学习需求。人工智能技术不仅能够自动识别和过滤低质量或重复的信息，而且能够通过语义分析和内容挖掘，确保资源的准确性和权威性，为教师提供高质量的学习材料。

2. 个性化学习路径的智能推荐

通过分析教师的学习历史、兴趣偏好、教学需求等多维度数据，人工智能能够构建教师个人的学习画像，并据此智能推荐相关的学习资源。这种个性化推荐不仅增强了资源使用的针对性和有效性，而且帮助教师拓宽了知识视野，深化了对教育教学理念的理解。此外，人工智能技术还能根据教师的学习进度和反馈，动态调整推荐策略，实现学习路径的持续优化，促进教师的自主成长和专业发展。

3. 在线学习平台的交互性与社区构建

人工智能技术还促进了在线学习平台的交互性设计，使得学习过程不再是单向的知识传递，而是双向乃至多向的互动交流。通过内置的论坛、讨论区、在线问答等功能，教师可以与其他学习者分享学习心得、交流教学经验，形成积极的学习氛围。同时，人工智能技术还能根据教师的互动数据，智能推荐相关的社群或学习小组，促进教师之间的深度交流与合作，构建起基于共同兴趣和目标的教师学习社区。

（二）跨地域交流与合作

1. 在线研讨会的即时性与互动性

在线研讨会利用人工智能技术提供的实时视频传输、语音识别和文字转换等功能，使得教师能够不受地域限制地参与讨论。这种即时性的交流方式不仅提高了信息传递的效率，而且增强了讨论的深度和广度。教师可以就某一教学主题或教育问题发表观点、分享经验，通过观点的碰撞与融合，共同探索教育教学的新思路和新方法。

2. 虚拟教室的沉浸式学习体验

通过构建高度仿真的虚拟环境，教师可以身临其境地参与教学活动，与各地的学生进行互动。这种沉浸式的学习体验不仅帮助教师更好地理解不同文化背景下的学生需求，而且促进了教学方法和策略的交流。同时，虚拟教室还支持多种教学模式，如翻转课堂、项目式学习等，为教师提供了丰富的教学实践场景和创新空间。

3. 全球教育资源的共享与合作

通过构建国际教育资源库和合作平台，教师可以访问到来自世界各地的优质教育资源，如课程计划、教学案例、评估工具等。这些资源的共享不仅有助于教师提升教学质量和效率，而且促进了教育创新和教育公平的实现。同时，人工智能技术还支持教师之间的跨国合作项目，如联合教研、课程开发等。

（三）持续跟踪与反馈

1. 教学数据的全面采集与分析

人工智能技术能够自动采集教师的教学数据，包括教学计划、课堂实录、学生作业、考试成绩等。这些数据为教学评估提供了丰富的素材和依据。通过数据分析和挖掘，人工智能可以揭示教学过程中的问题和不足，如教学方法的适用性、课堂管理的有效性等。同时，人工智能还能根据数据的变化趋势，预测教师未来的教学表现和发展潜力。

2. 学生反馈的即时获取与解读

人工智能技术通过在线调查、学习管理系统等渠道，即时获取学生对教师教学的评价和反馈。利用自然语言处理和情感分析技术，人工智能能够准确解读学生的反馈内容，识别其中的积极和消极因素，为教师提供改进教学的具体建议。这种即时反馈机制有助于教师及时调整教学策略和方法，提升教学效果和学生的学习满意度。

3. 个性化发展建议的智能生成

基于教学数据和学生反馈的分析结果，人工智能能够智能生成教师个性化发展建议。这些建议涵盖了教学方法的改进、课程设计的优化、教育技术的应用等多个方面，旨在帮助教师明确发展方向和目标。同时，人工智能还能根据教师的个人特点和需求，定制专属的学习资源和培训计划，助力其专业成长和进步。这种个性化的支持和服务不仅提升了教师的学习动力，增强了教师的积极性，而且促进了教师队伍整体素质和水平的提升。

第五章　反思性实践与教师专业成长

第一节　反思性教学理论与实践

一、反思性教学的理论基础

（一）认知心理学基础

认知心理学深刻揭示了反思在个体认知过程中的核心地位，强调其作为一种内省机制，对于促进思维和行为的自我监控与调节具有不可替代的作用。在这一理论框架下，反思性教学应运而生，成为提升教师教学质量和推动教师专业成长的重要途径。在反思性教学的实践中，教师不仅是知识的传授者，而且是自身教学实践的深刻反思者。他们借助反思这一认知工具，系统地回顾、分析并评价自己的教学行为和理念，从而获得对教学实践的深层次理解。这种反思过程要求教师对自己的教学行为进行客观的审视，包括教学方法的选择、课堂管理的策略、学生互动的频率与质量等多个维度。通过细致的自我观察，教师能够识别出哪些教学策略是有效的，哪些需要调整或优化。更重要的是，反思性教学鼓励教师探究教学行为背后的理念和假设，促使他们思考这些理念和假设是否真正符合教育的本质与目的，是否真正能够促进学生的学习和发展。

在反思的深入阶段，教师开始打破固有的教学习惯和思维模式。这往往是一个充满挑战的过程，因为习惯和模式往往具有稳定性和惯性，难以轻易改变。然而，正是通过反思，教师能够意识到这些习惯和模式可能存在的局限性，进而产生改变的动力。他们开始尝试新的教学方法和策略，探索更加符合学生认知规律和学习需求的教学路径。这种教学创新不仅有助于激发学生的学习兴趣和动力，而且能够增强教学的针对性和实效性。

同时，反思性教学还强调教师对自身情感的反思。在教学过程中，教师的情感状态往往会对学生的学习产生重要影响。因此，教师需要反思自己的情感是否积极、健康，是否能够为学生营造良好的学习氛围。通过情感反思，教师能够更好地调控自己的情绪，以更加饱满的热情和更加平和的心态投入教学中。

（二）建构主义学习理论

建构主义学习理论作为现代教育心理学的核心流派之一，深刻阐述了学习者在学习过程中的主体性地位和经验的关键作用。该理论主张，学习并非简单地将外部知识内化为个体认知结构的过程，而是一个由学习者主动建构知识、赋予其个人意义的活动。在这一理论背景下，反思性教学得以发展，并逐渐成为实现建构主义学习理念的有效路径。在反思性教学的范式中，教师的角色发生了根本性转变，他们不仅是知识的传递者，而且是学生学习旅程的引导者和促进者。在反思性教学的实践中，教师需要对自己的教学实践进行深度反思，包括对教学方法的选择、教学内容的组织、课堂互动的设计等各个层面的审视。通过这一过程，教师能够更准确地把握学生的学习需求和认知特点，进而设计出更加贴近学生实际、符合建构主义学习原则的教学活动。这种教学设计强调以学生为中心，注重激发学生的学习兴趣和主动性，鼓励他们通过探索、发现和实践来建构自己的知识体系。

建构主义学习理论强调情境、协作、会话和意义建构在学习过程中的重要性。在反思性教学中，教师通过创设丰富多样的学习情境，为学生提供与现实世界紧密相连的学习体验，从而促进学生将所学知识应用于实际问题的解决中。同时，教师鼓励学生之间的协作学习，通过小组讨论、合作学习等形式，促进学生之间的交流、分享和互助，这不仅有助于知识的共同建构，而且能培养学生的沟通能力和团队精神。此外，反思性教学还强调会话在学习中的作用，即师生之间、学生之间的有效沟通。教师通过反思自己的课堂互动方式，可以更加精准地把握如何引导学生进行深入的思考和讨论，如何在对话中激发学生的思维火花，促进知识的深度加工和内化。最终，这些反思活动都服务于学生的意义建构，即帮助学生将新知识与已有知识经验相融合，形成个人的理解和解释，从而实现知识的有效建构和长期记忆。

（三）教师专业发展理论

教师专业发展理论是教育领域中的一项重要理论，它明确指出教师的教学水平和专业素养并非一成不变，而是可以通过持续的学习和实践来不断提升。这一理论强调了教师在其职业生涯中的持续成长和发展，以及通过专业知识和技能的不断积累，达到提升教学质量的目的。在这一理论框架下，反思性教学作为一种有效的教师专业发展策略，为教师提供了一个自我评估和改进的重要平台。反思性教学要求教师对自己的教学实践进行系统的反思，包括对教学目标的设定、教学内容的选择、教学方法的应用、课堂管理的方式、学生学习效果的评估等各个环节的深入思考。通过反思，教师能够清晰地认识到自己在教学中的优点和不足，这是教师专业发展的起点。只有准确识别自己的教学强项和待改进之处，教师才能有针对性地制订个人专业发展规划，明确发展的目标和路径。

在反思性教学的实践中，教师不仅关注教学的结果，而且重视教学的过程和方法。他们通过回顾教学过程中的每一个细节，分析哪些策略有效促进了学生的学习、哪些做法可能阻碍了学生的发展。这种深入的分析和反思有助于教师形成更加科学的教学观念，掌握更加先进的教学方法，不断提高自己的教学能力。同时，反思性教学还鼓励教师之间的交流和合作。通过与其他教师的分享和讨论，教师可以获得来自同行的反馈和建议，这有助于他们更全面地认识自己的教学，发现可能被忽视的问题。此外，教师之间的交流还可以促进知识和经验的共享，有助于整个教师群体的专业发展。反思性教学还强调教师对自身情感的反思。教学是一项充满情感投入的工作，教师的情感状态会直接影响教学的效果。通过反思自己的情感投入和表达方式，教师可以更好地调控自己的情绪，以更加积极、健康的心态投入教学中，为学生创造一个更加和谐、愉悦的学习环境。在反思性教学的推动下，教师能够制定出更加科学合理的专业发展规划。他们根据自己的教学实际和发展需求，设定短期和长期的发展目标，并规划出实现这些目标的具体路径。这种规划不仅有助于教师的个人成长，而且能为学校的整体教学质量提升作出贡献。

二、反思性教学的实践策略

（一）教学日志

教学日志作为反思性教学的重要组成部分，不仅是教师记录日常教学实践和感受的载体，而且是促进教师专业成长和自我提升的有力工具。通过撰写教学日志，教师能够细致地回顾和审视自己的教学过程，对其中的成功经验和不足之处进行深入的反思与总结，从而为后续的教学改进提供宝贵的参考。在教学日志的撰写过程中，教师需要确保记录的客观性和真实性。这意味着教师应尽量避免主观臆断和情绪化的表达，而是基于实际的教学情境和学生的反馈，客观地记录和分析自己的教学行为。这种客观性的追求有助于教师形成准确的教学自我认知，为后续的教学反思和改进奠定坚实的基础。

同时，教学日志的撰写也是教师理清教学思路、发现自身教学特点和风格的重要途径。在记录教学过程的同时，教师会不自觉地对自己的教学方法、策略及与学生的互动方式进行反思。这种反思不仅有助于教师识别出哪些做法是有效的、哪些需要改进，而且能帮助教师逐渐明确自己的教学理念和风格。通过长期的记录和反思，教师能够更加清晰地认识到自己的教学特点和优势，从而在教学实践中更加自信地发挥自己的长处。此外，教学日志的撰写还需要教师具备一定的系统性和条理性。教师应定期对日志进行整理和归纳，将分散的教学经验和反思整合成系统的教学反思与改进方案。这一过程不仅有助于教师形成全面的教学自我认知，而且能为今后的教学实践提供明确的指导。通过整理和归纳教学日志，教师可以发现教学中的共性问题，提炼出有效的教学策略和方法，进而形成个性化的教学模式。值得注意的是，教学日志的撰写并非一蹴而就的过程，而是需要教师持续不断地投入时间和精力。只有将教学日志撰写成为教师日常教学的一部分，才能真正发挥其促进教师专业成长的作用。同时，教师还应保持开放的心态，乐于接受来自同事和学生的反馈与建议，以不断丰富和完善自己的教学日志。

（二）教学观察

教学观察策略不仅有助于教师汲取他人的教学智慧，拓宽自身的教学视野，而且能够通过对比与反思，精准定位自己在教学实践中的优势与短板，从而实施更加精准有效的教学改进。在教学观察的过程中，教师需要秉持一颗开放包容的心态，这是有效观察与学习的前提。教师应以积极的态度去感知和接纳其他教师在教学中的创新尝试与成功经验，避免先入为主的偏见或抵触情绪，确保观察过程的客观性与全面性。通过细致入微的观察，教师可以捕捉到不同教学方法与技巧在实际应用中的微妙差异，理解其背后的教学理念与逻辑，进而丰富自己的教学武库，增强教学的灵活性和艺术性。

在观察他人教学的同时，教师需要不断地将所见所闻与自身教学实践相对照，进行深度的自我反思。这种反思不仅涉及教学方法与技巧层面，而且触及教学理念与价值观的核心。通过对比分析，教师能够清晰地认识到自己教学中的优势与特色，更重要的是，能够敏锐地发现存在的问题与不足，如教学设计的创新性不足、师生互动缺乏深度、课堂管理技巧的欠缺等。这些发现为后续的教学改进指明方向，提供具体而明确的改进目标。此外，随着现代科技的发展，教学观察的形式与手段也在不断革新。教师可以利用录像、录音等多媒体设备，对自己的教学过程进行全程记录，随后通过回放与慢放等功能，进行细致入微的分析与反思。这种"自我观察"的方式使教师能够从一个全新的视角审视自己的教学行为，发现那些在日常教学中难以察觉的细节问题，如语言表达的准确性、肢体语言的恰当性、课堂节奏的把控等。结合他人的教学经验与自我观察的结果，教师可以制订更加科学合理的教学改进计划，实现教学质量的稳步提升。

（三）同行评议

同行评议，作为一种促进教师专业发展与教学水平提升的有效机制，在反思性教学中占据着举足轻重的地位。它基于同行教师之间的相互评价与反馈，旨在通过专业视角的审视，帮助教师揭示自身教学过程中的盲点与不足，进而获得来自同行的宝贵建议与精准指导。这一过程不仅有助于教师个人教学能力的提高，而且促进了教师群体间的知识共享与经验交流，为构建学习型教师团队奠定了坚实的基础。在同行评议的实践中，教师需要秉持真诚与客观的核心原则。真诚意味着教师应以开放的心态接纳同行的评价，不回避问题，不掩饰不足，而是将评议视为自我提升的契机。客观要求评价者在提供反馈时应基于事实和数据，避免个人情感与偏见的介入，确保评价的公正性与准确性。这样的评议环境有助于建立一个信任与尊重的氛围，使每位教师都能从中受益。同行评议的价值不仅在于指出问题，而且在于提出建设性的改进建议。

通过评议，教师可以学习到其他教师在教学设计、课堂管理、学生互动等方面的先进经验和创新技巧。这些来自实践一线的宝贵知识往往比理论书籍更为生动、具体，更易于被教师吸收并转化为自身的教学能力。同时，评议过程中的讨论与交流还能激发教师对教学理念的深入思考，促使他们不断探索新的教学方法与策略，以适应学生多样化的学习需求。在同行评议中，教师还应展现出积极的学习态度与改进意愿。面对同行的评价与建议，教师应将其视为推动自我成长的外部动力，而非简单的批评与指责。通过深入分析评议内容，结合自身教学实际，教师可以制订出切实可行的改进计划，并逐步落实到日常教学中。这种基于反馈的持续改进是教师专业成长不可或缺的一环，也是提升教学质量的有效途径。此外，同行评议还促进了教师之间的情感联结与团队协作。在评议过程中，教师之间的相互理解与支持不仅增强了团队的凝聚力，而且为教师提供了一个共享成功与挑战的平台。这种正面的情感互动有助于营造积极向上的工作氛围，使教师在面对教学挑战时能够相互鼓励、共同进步。

（四）学生反馈

学生反馈是教师了解学生学习状况、调整教学策略、提升教学质量的重要途径。在以学生为中心的教学理念指导下，学生反馈不仅被视为教学效果的晴雨表，而且是推动教师专业成长和教学创新的强大动力。在反思性教学的实践中，教师需要深刻认识到学生反馈的重要性，并将其作为教学改进的关键依据。通过系统地收集与分析学生对自己教学的评价和建议，教师能够深入了解学生的学习需求、兴趣点及在学习过程中遇到的困难和挑战。这些信息对于教师来说至关重要，能够帮助教师更加精准地定位教学中的问题，从而有针对性地调整教学策略和方法，以满足不同学生的学习需求。

为确保学生反馈的全面性和真实性，教师应采用多样化的方法和渠道来收集信息。问卷调查是一种高效且广泛使用的方式，通过设计科学合理的问卷，教师可以快速收集到大量学生的意见和建议。此外，个别访谈也是一种有效的补充方式，它允许教师与学生进行深入的对话，从而获取更加具体和细致的反馈。教师还可以利用课堂观察、小组讨论等多种形式，全方位、多角度地了解学生的学习感受和需求。在收集到学生反馈后，教师的任务并未结束，而是进入了更为关键的整理和分析阶段。教师需要对学生反馈进行系统的梳理，识别出共性问题与个性需求，分析背后的原因和可能的解决方案。在这一过程中，教师需要保持开放的心态，积极接纳学生的意见和建议，即使是一些批评性的反馈，也应视为推动自己教学进步的宝贵资源。基于学生反馈的教学改进是一个持续不断的过程。教师应将学生反馈作为自己教学改进的重要依据，结合教学实践进行深入的反思和探索。通过不断地调整教学策略、优化教学内容、改进教学方法，教师能够逐步提升自己的教学水平，实现教学效果和满意度的双重提升。

第二节　行动研究在教师培训中的运用

一、以实际问题为导向的教学设计

（一）以问题为导向，精准定位教师培训需求

行动研究强调从实际教学中遇到的具体问题出发，使得教师培训能够精准地定位到教师的实际需求。行动研究通过系统的观察、数据收集和分析，帮助教师准确识别课堂教学中存在的问题，如学生参与度低、课堂氛围沉闷、教学效果不佳等。以问题为导向的教师培训，能够激发教师的内在学习动力。当教师意识到某个问题严重影响到自己的教学效果时，他们会产生强烈的求知欲和改变现状的动力。行动研究通过引导教师进行自我反思和同事互助，帮助教师深入剖析问题的本质和根源，从而设计出具有针对性的培训方案。这种基于教师实际需求的培训不仅增强了培训的针对性和实效性，而且增强了教师的参与感和满意度。此外，行动研究还有助于形成持续改进的教师培训机制。

（二）促进教师实践智慧的生成与提升

行动研究不仅是一种研究方法，而且是一种促进教师专业发展的重

要途径，它强调教师在实践中反思、在反思中实践，通过不断的实践—反思—再实践的过程，促进教师实践智慧的生成与提升。在行动研究的过程中，教师需要设计并实施一系列观察、实验和反思活动。这些活动不仅有助于教师深入了解学生的学习需求和行为特点，而且能够帮助教师发现自己的教学优势和不足。通过观察学生在课堂上的表现，教师可以收集到丰富的第一手资料。这些资料为教师提供了宝贵的反馈信息，使他们能够及时调整教学策略和方法，以更好地满足学生的学习需求。实验是行动研究的重要组成部分。通过设计并实施教学实验，教师可以验证自己的教学假设，探索新的教学方法和策略。在实验过程中，教师需要不断地调整和改进教学方案，以应对各种不确定性和挑战。这种探索性的实践过程不仅锻炼了教师的创新思维和问题解决能力，而且促进了他们实践智慧的生成与提升。反思是行动研究的核心环节。通过反思自己的教学实践和学生的学习效果，教师可以深刻地认识到自己的教学理念和行为对学生的影响。这种反思不仅有助于教师发现自己的教学盲点和误区，而且能够促使他们不断地追求更高的教学境界。在反思的过程中，教师需要将自己的实践经验与理论知识相结合，形成新的教学理念和策略。这种理论与实践的相互融合使得教师的实践智慧得到了不断的提升和发展。

（三）推动教师培训模式的创新与变革

行动研究在教师培训中的应用不仅改变了传统教师培训的内容和方法，而且推动了教师培训模式的创新与变革。行动研究强调教师的主体地位和主动参与。在行动研究的过程中，教师需要自己发现问题、设计解决方案并实施实验。这种主动参与的过程不仅增强了教师的自主性和创造性，而且增强了他们的责任感和使命感。同时，行动研究还鼓励教师之间的合作与交流，通过同事互助和集体反思，共同解决问题并分享经验。这种合作式的学习方式不仅有助于教师之间的相互学习和借鉴，而且能够促进教师群体的整体提升和发展。行动研究还推动了教师培训内容的多样化和个性化。由于每位教师遇到的问题和需求都是不同的，因此，行动研究强调根据教师的实际情况和需求来设计培训内容。这种定制化的培训方式不仅增强了培训的针对性和实效性，而且满足了教师个性化的学习需求。

同时，行动研究还鼓励教师将培训内容与实际教学相结合，通过实践来检验和巩固所学知识。这种理论与实践相结合的培训方式使得教师培训更加贴近实际教学，更加具有实用性和可操作性。此外，行动研究还促进了教师培训评价体系的改革与创新。行动研究强调对教师的全面评价和过程评价，包括教师的教学实践、反思能力、合作精神及学生的学习效果等多个方面。这种多元化的评价方式不仅有助于全面、客观地评价教师的培训效果，而且能够激励教师不断地追求卓越和进步。行动研究在教师培训中的应用与价值不容忽视。它以问题为导向，精准定位教师培训需求，促进教师实践智慧的生成与提升，推动教师培训模式的创新与变革。

二、实践中的观察与反思

（一）观察：洞察教学现场，捕捉关键信息

在行动研究的视角下，观察是教师获取教学现场信息、理解学生学习状态的重要途径。它要求教师具备敏锐的观察力和细致入微的记录能力，以捕捉课堂中的关键信息和细微变化。这种观察不仅包括学生的外在行为，如参与度、注意力集中程度等，而且包括学生的情感反应、思维过程、课堂氛围等更为深层次的方面。通过观察，教师可以发现教学中存在的问题和不足。例如，学生参与度低可能意味着教学方法不够吸引人或难度设置不当；课堂氛围沉闷可能反映出师生互动不足或教学内容缺乏趣味性。这些观察结果为教师提供了宝贵的反馈信息，使他们能够及时调整教学策略，以更好地适应学生的学习需求。观察还是教师进行教学创新的重要源泉。在观察过程中，教师可能会发现一些新的教学思路和方法，这些思路和方法往往来源于对学生学习特点与规律的深入理解。通过将这些新的想法和方法融入教学实践中，教师可以不断探索和尝试，以找到最适合学生的教学方式。此外，观察还有助于教师建立与学生之间的良好关系。当教师能够关注到学生的细微变化和情感需求时，学生会感受到教师的关心和尊重，从而更加积极地参与学习。

（二）反思：深入理解实践，提升教学智慧

反思是行动研究中的核心环节，它要求教师对自己的教学实践进行深入的思考和分析。通过反思，教师可以更好地理解自己的教学行为背后

的理念和价值观，以及这些行为对学生学习的影响。反思不仅是对过去教学实践的回顾和总结，而且是对未来教学的规划和展望。在反思过程中，教师需要对自己的教学行为进行客观的评价和分析，找出其中的优点和不足，并思考如何改进和优化。这种基于实践的反思和规划使得教师能够更加主动地掌控自己的教学进程，而不是被动地应对教学中的问题和挑战。反思还有助于教师形成独特的教学风格和智慧。每位教师都有自己的教学经验和故事，这些经验和故事是教师教学智慧的重要组成部分。理论与实践的相互融合，不仅提升了教师的教学水平，而且使得他们的教学更加具有个性化和创造性。此外，反思还能够促进教师之间的交流和合作。当教师能够开放地分享自己的教学反思和经验时，他们可以从同事那里获得宝贵的反馈和建议，从而不断地丰富和完善自己的教学实践。

（三）循环过程：动态调整，持续进步

教师通过观察获取教学现场的信息，通过反思深入理解自己的教学实践，并根据反思结果调整教学策略和方法。这种循环过程使得教师培训不再是单向的知识传授，而是成为一个动态的、互动的学习过程。在这个循环过程中，教师需要不断地调整自己的教学策略和方法，以应对各种不确定性和挑战。这种动态调整的过程不仅锻炼了教师的应变能力和创新思维，而且使得他们的教学更加灵活和有效。同时，教师还需要不断地学习与借鉴新的教学理念和方法，以丰富和完善自己的教学实践。这种持续学习的态度和精神是教师专业成长与发展的重要保障。循环过程还强调了教师培训的实践性和参与性。在行动研究的视角下，教师被鼓励积极参与培训过程，通过观察、反思和实践来不断提升自己的教学水平。这种实践性和参与性的培训方式不仅提升了教师的培训效果与满意度，而且促进了他们之间的交流和合作。此外，循环过程还有助于构建一个持续改进的教师培训机制。通过不断的观察、反思和调整，教师可以不断地发现问题、解决问题，并将这些经验和教训纳入后续的培训内容中。这种循环往复的过程使得教师培训成为一个持续改进、不断提升的动态系统，为教师的专业成长提供了有力的支持。

三、合作式研究与知识共享

（一）合作研究：共解难题，协同创新

行动研究倡导教师以研究者的身份参与教学实践，通过系统的观察、反思和实验，探索解决教学问题的有效策略。然而，单个教师的力量和视野毕竟有限，难以全面、深入地解决所有问题。因此，行动研究倡导教师之间的合作与交流，通过组建教师研究小组，共同面对和解决教学中的难题。每位教师都有自己独特的教学经验和专长，通过小组合作研究，可以将这些经验和专长汇聚在一起，形成更为全面和深入的问题解决方案。在合作过程中，教师可以相互借鉴、取长补短，共同提升教学水平。合作研究还能促进协同创新。在小组讨论和研究中，教师可以围绕某个教学问题进行深入的探讨和交流，激发出新的教学思路和方法。这种协同创新的过程不仅有助于解决当前的问题，而且可能引发更深层次的教学改革和创新。通过合作研究，教师可以共同探索新的教学理念和方法，推动教学实践不断进步。在小组中，教师需要学会倾听他人的意见、表达自己的观点、协调各方利益，并承担起相应的责任和义务。这些经历有助于提高教师的沟通能力、提升团队协作精神，同时也为他们未来在学校和教学团队中发挥领导作用奠定坚实的基础。

（二）经验分享：相互学习，共同进步

行动研究不仅强调教师在实践中的反思与改进，而且鼓励教师之间的经验分享与交流。在教师培训中，通过组织经验分享会、教学观摩等活动，教师可以分享彼此的教学经验和见解，相互学习、共同进步，形成一个更为紧密和团结的教师群体。每位教师都有自己的教学专长和独特经验，通过分享和交流，这些经验和知识可以成为整个教师群体的共同财富。教师可以从中学习到新的教学方法和策略，拓宽自己的教学视野，提升教学水平。此外，经验分享还有助于激发教师的内在动力和创造力。当教师看到其他同事在教学中的创新和成功时，他们会受到激励和启发，产生尝试新方法和策略的动力。这种内在动力和创造力是推动教学改革与创新的重要源泉。

（三）团队建设：构建共同体，促进专业成长

行动研究视角下的教师培训不仅关注教师个体的专业成长，而且强调

教师团队的建设和发展。通过合作研究、经验分享等活动，教师可以形成一个具有共同愿景和目标的教师团队，共同推动教学实践的进步和发展。在团队中，教师可以围绕共同的教学问题和目标进行深入的探讨和交流，形成一个互相支持、共同进步的学习环境。这种专业学习共同体的构建有助于提高教师的专业素养、提升教学水平，同时也为他们提供了持续学习和发展的机会。在合作研究和经验分享的过程中，教师可以更加深入地了解彼此的教学风格、价值观和职业追求。这种情感交流和相互理解有助于增强教师之间的信任与默契，形成更为和谐和融洽的团队氛围。当教师能够形成一个团结、协作的团队时，他们可以更加有效地共享资源、协调教学进度和方法，共同应对教学中的挑战和问题。这种团队合作的精神和实践不仅有助于提升学生的学习效果与满意度，而且能为学校的整体教学质量和水平提供有力的保障。

四、理论实践结合

（一）实践体验：深化理论认知，提升教学技能

在教师培训中，通过组织教师进行实地考察和观摩其他优秀教师的教学，可以让教师亲身体验先进的教学理念和方法在实际教学中的运用。这种实践体验不仅有助于深化教师对教学理论的理解，而且能提升他们的教学技能和水平。通过实践体验，教师可以亲身感受先进的教学理念和方法在实际教学中的效果，从而加深对理论的理解和认识，并能够将所学理论更好地应用于自己的教学实践中。通过观摩其他优秀教师的教学，教师可以学习他们的教学技巧、课堂管理方法和与学生互动的策略等。这些实践经验对于提升教师的教学技能和水平具有重要帮助。同时，在实践体验中，教师还可以与其他教师进行交流和讨论，分享彼此的教学经验和心得，从而相互学习、共同进步。此外，实践体验还能够激发教师的创新精神和探索欲望。通过亲身体验与感受先进的教学理念和方法，教师会受到启发和激励，产生尝试新方法和策略的动力。这种创新精神和探索欲望是推动教学改革与创新的重要源泉，能够促进教师的专业成长和教学水平的提升。

（二）个性化定制：满足实际需求，提升培训效果

每位教师都有自己的教学经验和专长，也面临着不同的教学问题和挑战。在教师培训中，结合教师的实际教学经验，进行培训内容的个性化定制显得尤为重要。通过了解教师的实际需求和问题，培训者可以设计出更加符合教师需求的培训内容，从而提升培训效果，增强培训内容的针对性。通过个性化定制，培训者可以根据教师的实际经验和问题，设计出具有针对性和实用性的培训内容，从而满足教师的实际需求，提升他们的教学水平。个性化定制能够提升培训效果、增强培训内容的针对性，通过了解教师的实际需求和问题，培训者可以有针对性地选择培训方法和策略，使得培训内容更加贴近教师的实际教学经验和问题。这种针对性和实用性的培训内容，不仅能够增强教师的参与度和积极性，而且能够提升培训效果，使得培训更加有效和有意义。

（三）理论与实践相结合：促进专业成长，提升教学水平

通过实践体验深化理论认知、通过个性化定制满足实际需求，最终将理论与实践相结合，可以促进教师的专业成长和教学水平的提升。通过实践体验，教师可以将所学理论应用于实际教学中，从而加深对理论的理解和认识。同时，通过反思和改进实践中的问题，教师可以不断提升自己的教学水平。这种理论与实践相结合的过程有助于促进教师的专业成长和进步，使他们能够更好地适应教育改革和发展的需求。通过个性化定制的培训内容，教师可以学习到更加符合自己实际需求的教学理念和方法。同时，通过实践体验和反思改进，教师可以将这些理念和方法更好地应用于实际教学中，从而提升自己的教学水平和效果。这种理论与实践相结合的教学方式不仅能够提升教师的教学质量，而且能够激发学生的学习兴趣和积极性。通过实践体验和反思改进，教师可以发现教学中存在的问题和不足，并尝试采用新的教学理念和方法进行改进与创新。

五、成果导向的培训评估

（一）成果检验：确保培训效果，提升教学质量

通过设置具体的教学任务和目标，并要求教师将所学知识运用到实际

教学中，可以对培训效果进行直接的检验和评估。通过设置明确的教学任务和目标，教师可以清晰地了解培训的要求和期望，从而有针对性地学习和应用所学知识。同时，通过对实际教学效果的评估，可以直观地了解教师在培训后的教学水平和能力提高情况。这种直接的检验方式能够确保培训的实际效果，避免培训流于形式或走过场。

（二）动力激发：增强学习意愿和教学积极性

行动研究强调教师的主体性和参与性，这一理念在教师培训中体现为对教师学习动力的激发。通过设置具体的教学任务和目标，并让教师将所学知识运用到实际教学中，可以创造一种积极的学习氛围，激发教师的学习意愿和教学积极性。当教师明确知道培训的目标和要求，并了解到自己的实际教学效果将被评估时，他们会更加有动力去学习和应用所学知识。这种明确的目标导向和成果预期能够激发教师的求知欲与学习兴趣，使他们更加积极地参与培训。当教师看到自己的教学成果得到认可和肯定时，他们会感到自己的努力和付出是有价值的，从而增强自信心和教学积极性。这种积极的反馈和激励能够促使教师在教学上不断追求卓越与创新，提升教学水平和质量。

（三）持续改进：形成反馈循环，推动专业发展

行动研究强调持续的反思和改进，这一理念在教师培训中体现为对教学成果的持续改进和提升。通过设置具体的教学任务和目标，并对实际教学效果进行评估和反馈，可以形成一个持续的反馈循环，推动教师的专业发展和教学水平的提升。通过对教师实际教学效果的评估，可以及时发现问题和不足，并向教师提供具体的反馈和建议。这有助于教师认识到自己的教学短板，从而有针对性地进行改进和提升。这种持续的反馈循环能够推动教师的专业发展和教学水平的不断提升。成果导向的评估方式有助于推动教学改革和创新，通过对教师实际教学效果的评估和反馈，可以发现教学中存在的问题和不足，并鼓励教师尝试新的教学理念和方法进行改进与创新。同时，通过分享与交流优秀的教学成果和经验，可以促进教学知识和智慧的共享与传播，推动整个教育行业的进步和发展。此外，成果导向的评估方式还有助于提高教师的自我反思和自主学习能力。

第三节　同事互助与观摩学习

一、同事互助的形式

（一）师徒结对

1. 师徒结对的理论基础与优势

师徒结对基于社会学中的"社会学习理论"，强调通过观察、模仿、互动来学习新技能和行为。在教育领域，中老年教师作为"师傅"，拥有丰富的教学经验和深厚的专业知识，能够为青年教师提供宝贵的指导和支持；青年教师作为"徒弟"，具备较高的学习热情和创新能力，能够为教学团队注入新鲜血液。师徒结对通过一对一的指导和帮助，实现知识、技能和经验的有效传递，促进青年教师的快速成长。

2. 师徒关系的构建与维护

师徒结对的成功与否，很大程度上取决于师徒关系的构建与维护。首先，师徒双方应建立基于相互尊重和信任的伙伴关系，而非简单的上下级关系。师傅应以开放、包容的心态接纳徒弟，鼓励其提出问题和创新想法；徒弟则应保持谦逊、好学的态度，虚心接受师傅的指导和建议。其次，师徒双方应明确各自的角色和责任，制订清晰的学习目标和计划，以确保培训活动的有序进行。最后，培训机构和学校应建立有效的激励与评价机制，对师徒双方的表现给予及时的反馈和奖励，激发其参与师徒结对的积极性和创造力。

3. 师徒结对的实践优化

为了进一步提升师徒结对的效果，可以从以下几个方面进行实践优化：一是加强师徒双方的沟通和交流，定期举行师徒会议，分享教学心得和经验；二是鼓励师徒共同参与教学研究和项目，通过实践合作加深彼此的了解和信任；三是为师徒提供多样化的学习资源和培训机会，如参加学术会议、教学研讨会等，以拓宽其视野和知识面；四是建立师徒结对的长期跟踪和评价机制，对师徒双方的成长和发展进行持续的关注与指导。

（二）集体备课

1. 集体备课的内涵与价值

集体备课是一种基于团队合作和集体智慧的教学准备活动。它强调教师间的协作与分享，通过集思广益、优势互补，共同解决教学中的难题和困惑。集体备课有助于统一教学进度和标准，确保教学内容的连贯性和一致性；同时，它还能促进教师之间的相互学习和借鉴，提升教学水平和质量。

2. 集体备课的组织形式与流程

集体备课可以采取多种组织形式，如学科组备课、年级组备课等。其流程通常包括确定备课主题、收集资料、讨论交流、制订教学方案等环节。在备课过程中，教师应积极参与讨论，提出自己的见解和建议；同时，也要虚心听取他人的意见和看法，共同完善教学方案。集体备课结束后，教师还应根据实际情况进行个性化的调整和优化，以确保教学方案的针对性和实效性。

3. 集体备课的实践挑战与对策

集体备课在实践中也面临一些挑战，如教师间的差异和分歧、备课时间的安排等。为了克服这些挑战，可以采取以下对策：一是加强教师间的沟通和协作能力培训，提高团队的凝聚力和协作效率；二是明确集体备课的目标和重点，确保备课活动的针对性和有效性；三是合理安排备课时间和地点，为教师提供充足的准备和交流的空间；四是建立集体备课的反馈和评价机制，及时总结经验和不足，不断改进和优化备课流程。

（三）听课评课与讨论交流

1. 听课评课

听课评课是教师之间相互学习、相互借鉴的重要途径。通过听课，教师可以观察他人的教学实践，了解不同的教学方法和策略；通过评课，教师可以对观察到的教学现象进行深入分析和评价，提出改进意见和建议。听课评课不仅关注教学技巧的运用，而且关注对教学理念和学情差异的理解与把握。有效的听课评课能够激发教师的教学反思和创新意识，推动其不断改进和提升自己的教学水平。

2. 讨论交流

讨论交流是教师之间就教学问题或主题进行自由、开放的讨论和分享的活动。它鼓励教师表达自己的观点和看法，倾听他人的声音和意见，通过思想碰撞和智慧共享来拓宽视野、深化理解。讨论交流可以围绕特定的教学主题展开，也可以针对教学中的具体问题进行探讨。在讨论交流中，教师应保持开放的心态和积极的参与态度，勇于提出问题和挑战假设，共同寻找解决问题的策略和方法。

3. 听课评课与讨论交流的整合与提升

为了进一步提升听课评课与讨论交流的效果，可以将它们进行整合与提升。一方面，可以将听课评课作为讨论交流的基础和依据，通过评课中的问题和建议来引导讨论的方向与深度；另一方面，可以将讨论交流中的新观点和新思路融入听课评课中，为评课提供更丰富的视角和更深入的见解。此外，还可以借助现代信息技术手段，如在线论坛、视频分享等，拓宽讨论交流的渠道和形式，促进教师之间的跨时空互动和智慧共享。

二、观摩学习的实施方式

（一）现场观摩

1. 现场观摩的直观性与感染力

通过亲临教学现场，教师可以直接观察到其他教师的教学方法、课堂管理策略、师生互动方式等教学细节。这种沉浸式的体验方式使得教师能够更加深入地了解教学的实际运作过程，感受教学氛围，理解教学行为背后的教育理念和心理学原理。同时，现场观摩还能够激发教师的情感共鸣，促使其对教学产生更深刻的思考和感悟。

2. 现场观摩的观察与分析框架

为了提升现场观摩的效果，教师需要建立一套系统的观察与分析框架。这一框架可以包括教学目标的明确性、教学方法的多样性、课堂管理的有效性、师生互动的和谐性等多个维度。在观摩过程中，教师应根据这些维度，有针对性地观察与记录教学过程中的亮点和问题，为后续的分析和反思提供丰富的素材。同时，教师还应注重观察学生的反应和表现，从学生的角度评估教学效果，为改进自身的教学实践提供有益的启示。

3. 现场观摩后的反思与实践应用

现场观摩的价值不仅在于观察，而且在于后续的反思与实践应用。观摩结束后，教师应及时对观察到的教学现象进行深入的分析和反思，总结其中的成功经验和不足之处，并结合自身的教学实际，思考如何将这些经验和教训应用到自己的教学中。此外，教师还可以与其他观摩者进行交流和讨论，分享各自的观察和感悟，通过思想碰撞和智慧共享，进一步深化对教学的理解和认识。

（二）录像观摩

1. 录像观摩的可重复性与可分析性

通过观看教学录像，教师可以反复回放和定格关键的教学片段，仔细观察和分析教师的教学行为、学生的反应、课堂互动的细节。这种精细化的分析方式有助于教师更加深入地理解教学行为背后的原理和逻辑，揭示优秀教学实践的内在规律和特点。同时，录像观摩还可以为教师提供丰富的教学案例和素材，为其后续的教学研究和实践提供有力的支持。

2. 录像观摩的编码与解析方法

为了更有效地进行录像观摩，教师可以采用编码和解析的方法，根据教学目标和教学内容，预先设定一系列观察指标和编码体系，如教学方法的运用、课堂管理的策略、师生互动的方式等。在观看录像的过程中，教师可以根据这些指标和编码体系，对教学行为进行分类和记录，形成详细的教学行为编码表。通过对这些编码数据的统计和分析，教师可以揭示出教学行为与教学效果之间的内在联系，为改进自身的教学实践提供科学依据。

3. 录像观摩与教学实践的双向互动

录像观摩不仅是对他人教学实践的观摩和学习，而且是对自身教学实践的反思和提升。在观看录像的过程中，教师应积极将观察到的优秀教学实践与自身的教学实践进行对比和分析，找出自身的不足之处，并思考如何借鉴和应用他人的成功经验。同时，教师还可以将自身的教学实践录制下来，进行自我观摩和反思，通过不断地实践和反思，逐步提升自己的教学水平，提高教学能力。

（三）网络观摩

1. 网络观摩的时空灵活性与资源丰富性

借助网络资源和平台，教师可以随时随地观看其他教师的教学实践，不再受到时间和地点的限制。同时，网络上的教学资源极其丰富，涵盖了各个学科、各种类型的教学案例和素材，为教师提供了广阔的学习空间和选择余地。这种灵活多样的学习方式有助于教师根据自己的需求和兴趣，选择适合自己的观摩内容和学习路径。

2. 网络观摩的互动性与社群支持

网络观摩不仅是一种单向的学习方式，而且是一种具有互动性和社群支持的学习方式。在网络平台上，教师可以与其他观摩者进行实时的交流和讨论，分享各自的观察和感悟，提出问题和建议。这种互动性的学习方式有助于激发教师的思维活力，拓宽其视野和思路。同时，网络平台上的教师社群还可以为教师提供持续的支持和帮助，解答其在教学实践中遇到的问题和困惑，促进其专业成长和发展。

3. 网络观摩与实践创新的融合

网络观摩为教师提供了丰富的教学案例和素材，同时也为其提供了实践创新的空间和机会。在观看网络观摩的过程中，教师可以汲取他人的成功经验，并结合自身的教学实际，进行大胆的创新和尝试。这种融合了观摩与学习、继承与创新的学习方式有助于教师形成独特的教学风格和特色，提升其教学水平和影响力。此外，教师还可以将自己的教学实践和经验分享到网络平台上，与其他教师共同交流和探讨，推动教学智慧的共享和传播。

第四节　建立个人专业发展档案

一、教师个人专业发展档案的意义

（一）促进自我反思与自我认知

教师个人专业发展档案的建立，首要且核心地体现为一个深度自我反思与精准自我认知的过程。这一过程的开展依托于教师对自身教学实践的全面记录、对教学行为的深刻反思、对教学经验的系统总结。通过翔实地记载每一次教学实践的细微之处，教师得以回溯并审视自己的教学行为，进而挖掘隐藏在这些行为背后的教学理念与策略。在此基础上，教师能够更为清晰地洞察自己的教学风格，识别出在教学实践中的优势与不足，这不仅是对个人教学能力的一次全面摸底，而且是对未来专业发展方向与目标的精准定位。这种基于个人专业发展档案的自我反思与自我认知过程有助于教师构建起一种积极且持续的专业发展态度。在反思中，教师能够深刻体会到专业成长的重要性与紧迫性，从而激发出内在的成长动力，这种动力将驱使教师不断追求教学技艺的精进与教育理念的更新。同时，通过自我认知，教师能够更加明确自己的专业定位与发展路径，避免在专业成长的道路上迷失方向或陷入盲目状态。

（二）支撑职业发展与晋升评价

教师个人专业发展档案，作为其职业生涯中不可或缺的重要组成部分，承载着教师职业发展与晋升评价的关键信息，是衡量教师专业素养、教学能力、职业发展轨迹的重要基准。该档案通过翔实地记录教师的教学实践、成果展示、专业发展活动的参与情况，为学校或教育机构提供了一个全方位、多维度的评估视角。借助这一综合性的信息库，评价者能够超越单一的教学业绩指标，深入洞察教师的教学理念、方法创新、学生互动、课堂管理等方面的能力与表现，从而确保评价结果的公正性与客观性，为教师的职业发展路径规划、岗位调整、职务晋升等决策提供坚实的数据支撑与理论依据。同时，教师个人专业发展档案也是教师自我展示与职业竞争力提升的有效平台。通过精心整理与呈现个人在教学实践中的亮点和成就，如创新的教学设计、显著的教学效果、深度的专业研究、广泛的学术交流等，教师能够向外界充分展示自己的专业实力与独特风格，提升个人在教育行业内的知名度与影响力。

（三）促进教学交流与资源共享

教师个人专业发展档案不仅是对教师个人成长轨迹的真实记录，而且是促进教学交流与资源共享、构建教师学习共同体的重要平台。在这一平台上，教师通过精心整理与分享各自的教学案例、实践经验、研究成果，打破了传统教学资源的封闭界限，实现了知识与智慧的跨时空流动。这些宝贵的教学资源如同涓涓细流，汇聚成教师专业发展的广阔海洋，为每一名参与者提供了丰富的学习养料与灵感源泉。在这一过程中，教师得以跨越学科与年级的界限，建立起广泛而深入的专业联系与合作。他们围绕共同关注的教学问题，展开深入的探讨与交流，通过思想的碰撞与融合，激发出新的教学思路与策略。这种基于档案的教学交流与资源共享不仅促进了教师个体教学能力的提高，而且在集体智慧的凝聚下，推动了教学质量的整体跃升，实现了从"独奏"到"合奏"的华丽转变。

二、教师个人专业发展档案的内容构成

（一）个人基本信息与职业发展规划

在教师个人专业发展档案中，详细而准确地记录教师的基本信息是至关重要的基础环节。这一部分应涵盖教师的姓名、学历背景、职称情况、任教的科目与年级等核心信息，这些信息构成了教师职业身份的基本框架，是评价其专业素养与教学能力的重要参考。学历背景不仅反映了教师的基础教育水平与专业知识深度，而且是衡量其学术底蕴与教学潜力的重要指标；职称情况直接体现了教师在教学与研究领域的成就与地位，是职业发展历程的标志性符号；任教科目与年级直接关联到教师的教学实践领域与对象，对于理解其教学风格与策略的形成具有重要意义。除此之外，个人职业发展规划的记录同样不可或缺。它应包含短期与长期的发展目标，这些目标不仅是对教师个人职业愿景的明确表达，而且是其专业成长路径的导航灯塔。发展目标应具体、可衡量，既要有对现有教学能力的巩固与提升，也要有对未来教学领域和研究方向的探索与拓展。同时，发展路径与策略的制订为实现这些目标提供了具体的行动指南，它涵盖了教师计划参与的专业培训、学术研究、教学创新等多个方面，是教师个人专业发展档案中最具前瞻性与操作性的内容。

（二）教学实践与成果展示

教学实践与成果展示构成了教师个人专业发展档案的核心内容，是教师专业素养与教学能力最直观、最有力的证明。在这一部分，教师应细致入微地记录自己的教学实践过程，包括但不限于教学设计的创新思路、课堂实施的具体策略、学生反馈的多元化收集与分析。在教学设计环节，教师应详细阐述如何根据课程标准与学生实际，制订科学合理的教学目标，选择适宜的教学方法与手段，以及如何巧妙地将教育技术融入教学过程，以增强教学的互动性与有效性。在课堂实施部分，应记录教师如何灵活调

整教学节奏，有效管理课堂秩序，以及如何通过提问、讨论、合作学习等多种方式，激发学生的学习兴趣与主动性。此外，教师还应系统地收集、整理并分析学生的作业、作品、测试成绩等教学成果。这些成果不仅是学生学习效果的直接反映，而且是教师教学效果的重要评价指标。通过对学生成果的深入分析，教师可以了解学生的学习进展、存在的问题与困难，进而调整教学策略，实现更加精准的教学指导。

（三）专业发展与学习经历

在教师个人专业发展档案中，详细记录教师参加的专业发展活动与学习经历，是评估其专业素养与持续学习能力的重要依据。这一部分应全面涵盖教师参与的各类培训课程、研讨会、学术会议等。这些活动不仅为教师提供了与同行交流思想、分享经验的宝贵平台，而且是教师接触最新教育理念、教学方法与研究成果的重要途径。通过参与这些活动，教师能够不断拓宽专业视野，深化对教育教学的理解，从而在教学实践中更加游刃有余。同时，教师阅读的教育书籍、论文、研究报告等，也应被仔细记录并纳入档案。这些文献资源是教师专业知识的重要来源，不仅可以帮助教师构建扎实的理论基础，而且可以激发教师对教学实践的深度思考与创新探索。

（四）反思与评价

教师应形成定期对自己教学实践、专业发展活动进行深入反思与评价的习惯，这一过程不仅是对过往工作的总结，而且是对未来发展的规划。在反思中，教师应以批判性的视角审视自己的教学实践，从教学设计的创新性、课堂实施的灵活性、学生互动的有效性等多个维度，深入分析自己的优势与不足。这种自我剖析有助于教师清晰地认识到自己的教学风格与特长，也能够精准地定位需要改进与提升的关键领域。在此基础上，教师应提出具有针对性的改进策略与措施，这些策略与措施应基于对学生学习需求的深刻理解，以及对教育教学规律的准确把握，旨在优化教学流程，提升教学质量，提高个人专业能力。

（五）个人特色与成就展示

在教师个人专业发展档案中，个人特色与成就不仅是教师个人风采与专业实力的集中体现，而且是构建个人品牌、提升职业声誉与影响力的关键。在这一部分，教师应精心梳理并呈现自己的教学特色、教育理念、教学创新成果，这些独特的元素是教师个人专业标识的重要组成部分，彰显了教师在教育教学实践中的独特视角与深刻思考。教学特色，作为教师个人风格的集中展现，应详细记录教师在教学方法、课堂管理、学生互动等方面的独到之处，这些特色往往源于教师对教育教学的深刻理解与长期实践，是教师个人魅力的重要体现。教育理念是教师教育教学行为的灵魂，指导着教师的教学实践与创新探索，反映了教师对教育目的、价值的根本看法与追求。同时，教师应将自己的研究成果、发表的论文、获得的荣誉等成就纳入档案，这些成就不仅是教师学术水平与专业能力的直接证明，而且是教师个人品牌的重要支撑。通过展示这些成就，教师能够向外界充分证明自己在专业领域的影响力与贡献度，从而赢得同行的尊重与认可，提升自己在教育界的地位与声誉。

三、教师个人专业发展档案的实施策略

（一）明确目标与定位

教师在构建个人专业发展档案的过程中，首要任务便是明确目标与定位，这是确保档案内容能够精准反映个人专业发展需求与方向的关键。教师应基于对个人职业愿景的深刻理解，以及对教育发展趋势的敏锐洞察，设定清晰、具体的专业发展目标。这些目标不仅应涵盖教学技能的提升、教育理论的深化、教育科研的探索等多个维度，而且应与教师的个人兴趣、特长、职业发展规划紧密相连，从而确保档案内容的针对性与实效性。同时，教师还需要根据自身的职业发展阶段与特点，灵活调整档案的内容与形式。在职业生涯的初期，教师可能更侧重记录教学实践的基础数据与反思，以及参与专业发展活动的经历，以积累教学经验，奠定专业基础。随着职业生涯的推进，教师可能逐渐将重点放在教学创新、教育科研成果的展示上，以彰显个人在教学和研究领域的深度探索与独特见解。

（二）注重过程与积累

教师个人专业发展档案的建立是一个伴随教师职业生涯全过程的长期工程，要求教师具备高度的自觉性与持续性，注重日常的积累与记录。

在这一过程中，教师应将定期反思与总结内化为一种职业习惯，通过深度剖析教学实践中的得与失，及时捕捉专业成长的关键节点，将这些宝贵经验与深刻洞察系统地记录在档案之中。这种定期的自我审视不仅有助于教师清晰地把握个人专业发展的脉络，而且能够激发内在的成长动力，推动教师在教学与研究领域不断探索与突破。同时，教师还应高度重视学生作业、作品等教学成果的收集与整理工作。这些成果不仅是学生学习成效的直接体现，而且是教师教学效果的重要反馈。通过对学生成果的细致分析，教师可以精准地把握学生的学习特点与需求，调整教学策略，实现更加个性化与高效的教学指导。

（三）强调反思与评价

反思与评价，作为教师个人专业发展档案的核心构成要素，是推动教师专业成长、实现自我超越的关键环节。教师应将定期的自我反思与评价视为专业发展的内在需求，通过深度剖析教学实践的每一个环节，包括教学设计的创新性、课堂实施的有效性、学生互动的充分性等方面，以严谨的态度审视自己的教学行为，挖掘其中的优势与亮点，揭示其中存在的不足与问题。在此基础上，教师应结合教育理论与实践的前沿动态，提出切实可行的改进策略与措施，旨在优化教学流程，提升教学质量，提高个人专业能力。这一过程不仅体现了教师对专业成长的主动追求，而且展现了其对教育事业的高度责任感与使命感。同时，教师还应持开放心态，积极寻求来自同事、学生乃至家长的反馈与评价。这些多元化的评价视角能够为教师提供更为全面、客观的信息，帮助其从不同的维度认识自己，发现自身未曾察觉的问题，从而更加精准地定位自己在专业成长道路上的位置。这种基于多方反馈的反思与评价机制有助于教师构建更加坚实的自我认知基础，为后续的专业发展活动提供有力的导向与支持。

（四）多元展示与交流

教师个人专业发展档案不仅是个人职业生涯的珍贵记录，而且是促进教学交流与资源共享的重要平台。教师应充分认识到档案的这一多元价值，积极利用其丰富的内涵与深度，进行广泛而深入的展示与交流。通过参与教学研讨会、公开课展示、教学成果展览等专业活动，教师不仅能够将自己的教学实践、创新思路与研究成果公之于众，与同行分享宝贵的经验与智慧，而且能够在交流与碰撞中汲取他人的精华，实现教学理念的更新与教学方法的创新。教师应紧跟时代步伐，充分利用网络平台与教育社区的广阔空间，将档案内容以数字化、网络化的形式进行上传与分享。这种跨越时空的交流方式使得教师能够与更广泛、更多元的教师群体进行即时、深入的互动与对话。在这一过程中，教师不仅能够获得来自不同背景、不同领域的教育工作者的宝贵建议与反馈，而且能够拓宽视野，了解教育教学的最新动态与趋势，从而为自己的专业发展注入新的活力与灵感。

（五）持续更新与迭代

教师个人专业发展档案，作为一个动态发展的有机体，其生命力在于持续的更新与迭代。教师应深刻认识到，档案的建设需要根据个人专业发展的需求与实际情况，进行定期而系统的梳理与调整。在这一过程中，教师应以批判性的眼光审视档案内容，勇于删除那些已过时或失去效用的信息，确保档案的精练与高效。同时，教师应积极将最新的教学实践与成果纳入档案，这些实践成果不仅是个人专业成长的直接体现，而且是对未来教学工作的重要参考与借鉴。更重要的是，教师应始终保持对教育领域最新动态与趋势的高度敏感，主动将新兴的教育理念、教学方法、技术手段等融入档案之中。这种前瞻性的视角不仅能够帮助教师及时把握教育发展的脉搏，而且能够激发教师在教学实践中的创新思维与探索精神，推动个人专业能力的持续提高。通过这种持续的更新与迭代，教师个人专业发展档案不仅能够真实反映教师的专业成长轨迹，而且能够成为教师探索教育未知、追求教学卓越的坚实基石。这一过程既是对教师个人专业能力的深度挖掘与展现，也是对教师职业精神的崇高致敬与传承。

第五节 促进自我导向学习

一、教师专业发展与自我导向学习的内在联系

教师专业发展是指教师在职业生涯中，通过不断学习、实践和反思，提高自身教育教学能力、促进个人成长的过程。自我导向学习强调学生在

学习过程中的自主性、主动性和创造性，是学生基于自身需求和兴趣，设定学习目标、选择学习方法并评价学习效果的学习方式。教师专业发展与自我导向学习之间存在密切的内在联系。一方面，教师专业发展的需求激发了教师自我导向学习的动力。随着教育环境的变化和学生需求的多样化，教师需要不断更新知识结构、提升教学技能，以适应新的教育挑战。这种专业发展的需求促使教师主动寻求学习机会，以自我导向的方式开展专业学习。另一方面，自我导向学习是教师专业发展的重要途径。通过自我导向学习，教师可以根据自身的教学实践和职业发展需求，有针对性地选择学习内容和学习方式，从而更有效地促进个人专业成长。同时，自我导向学习还有助于培养教师的自主学习能力和创新精神，为教师的持续发展奠定坚实的基础。

二、教师专业发展促进自我导向学习的具体表现

（一）增强学习动力与自主性

教师专业发展是一个持续不断的过程，职业认同感和成就感在其中扮演着至关重要的角色，成为激发教师自我导向学习的核心动力。职业认同感是教师对其职业角色、职责及价值的深刻理解和积极认同，这种认同感不仅影响着教师的工作态度和职业满意度，而且在其专业成长过程中发挥着导向和激励作用。当教师对其职业产生强烈的认同时，他们会更加明确自己的教育理念和职业追求，从而激发出内在的学习动机，更加积极地投入自我导向学习中。这种学习模式强调教师的主体地位和主动性，使教师能够根据自身的发展需求和兴趣，自主选择学习内容、方式和进度，从而实现个性化发展。成就感是教师在教育教学工作中取得成果、实现价值时所体验到的积极情感。当教师通过专业学习不断提高自己的教育教学能力，并在实践中取得显著成效时，他们会感受到强烈的成就感。这种成就感不仅增强了教师的自信心和职业自豪感，而且进一步激发了他们持续学习和专业发展的愿望。因此，在教师专业发展的过程中，应重视培养与增强教师的职业认同感和成就感，通过提供多样化的学习机会和展示平台，让教师在学习和实践中不断体验成功，从而更加坚定地走向自我导向学习的道路。

与此同时，教师专业发展也要求教师具备更强的自主学习能力，这是应对不断变化的教育环境的必然要求。随着教育改革的深入和信息技术的迅猛发展，教育环境日益复杂多变，教师需要不断更新知识结构，提升教学技能，才能适应新的教育需求。在这一过程中，自主学习能力显得尤为重要。自主学习能力强的教师能够主动寻求学习机会，灵活运用各种学习资源，独立解决学习中遇到的问题，从而实现自我提升和持续发展。因此，教师专业发展应注重培养教师的自主学习能力，通过提供自主学习策略和方法指导，帮助教师掌握有效的学习技巧，形成自主学习的习惯，从而增强自我导向学习的自主性。

（二）拓展学习内容与资源

教师专业发展是一个涉及教育教学多个领域的综合性过程，包括学科知识、教学技能、教育心理学等多个方面。这为教师的自我导向学习提供了丰富的学习内容和资源，使教师能够在广泛的知识领域中不断充实自己，提高专业素养。在学科知识方面，教师需要不断更新和深化对所教学科的理解。随着科技的进步和知识的更新迭代，新的学科知识和研究成果不断涌现。教师需要通过参加专业培训、阅读学术文献等方式，及时了解和掌握最新的学科知识和研究成果，以便将其应用于教学实践中，提升教学质量。同时，教师还需要关注学科发展的趋势和前沿动态，不断拓宽自己的知识视野，为培养学生的创新能力和综合素质提供有力支持。

在教学技能方面，教师需要不断提高自己的教学设计和实施能力。有效的教学不仅需要教师具备扎实的学科知识，而且需要掌握先进的教学理念和方法。教师可以通过观摩同行教学、参加教学研讨等方式，学习借鉴他人的成功经验，反思并改进自己的教学实践。此外，教师还可以利用现代信息技术手段，如多媒体教学、网络教学等，创新教学方式方法，提升教学效果和学生的学习兴趣。教育心理学也是教师专业发展中不可或缺的一部分。教师需要了解学生的心理发展特点和学习规律，才能更好地指导学生学习。通过学习与掌握教育心理学的基本原理和方法，教师可以更加深入地理解学生的行为和心理状态，从而采取更加有效的教学策略和方法，促进学生的全面发展。除了传统的学习资源外，互联网等现代信息技术的发展也为教师提供了更加便捷、多样的学习资源获取途径。教师可以通过在线课程、学术论坛、教育博客等方式，随时随地获取所需的学习资源，与同行进行交流和研讨。这些新兴的学习资源和方式不仅丰富了教师的学习内容，而且增强了学习的灵活性，为教师的自我导向学习提供了更加广阔的空间和可能。

（三）提升学习策略与效能

教师专业发展不仅关注知识的积累和技能的提升，而且重视教师学习能力和创新精神的培养。在自我导向学习过程中，教师需要掌握并运用多种学习策略，以提高学习效率、提升学习质量，实现个人专业发展的目标。元认知策略是一种重要的学习策略，要求教师对自己的学习过程进行监控和调节。通过元认知策略的运用，教师可以更加清晰地了解自己的学习需求和目标，制订合理的学习计划，并在学习过程中不断反思和调整学习策略。这种策略有助于教师增强学习的自主性和有效性，避免盲目学习和无效努力。资源管理策略也是教师在自我导向学习中必须掌握的一种策略，包括时间管理、学习环境的选择和利用、学习工具的运用等多个方面。教师需要合理安排学习时间，确保学习任务的顺利完成；选择适合自己的学习环境，减少干扰和分心。此外，教师还需要熟练运用各种学习工具，如文献检索工具、笔记软件等，提高学习效率，增强学习便利性。

除了元认知策略和资源管理策略外，教师还可以尝试运用其他学习策略，如合作学习、探究学习等。合作学习强调教师之间的交流和协作，通过分享经验、互相学习，共同解决问题，实现知识的共享和智慧的碰撞。探究学习鼓励教师主动探索未知领域，通过问题导向的学习方式，培养教师的创新思维和解决问题的能力。随着教师专业发展的深入，他们逐渐掌握更有效的学习方法，形成个性化的学习风格。每位教师都有自己独特的学习方式和偏好，有的教师善于通过阅读文献来获取知识，有的教师更喜欢通过实践来学习。在自我导向学习中，教师需要根据自己的特点和需求，选择适合自己的学习方式和方法，形成个性化的学习路径。这种个性化的学习风格有助于提高教师的学习效率和满意度，使他们在学习过程中更加主动和积极。提升学习策略与效能是教师专业发展的重要组成部分。通过掌握和运用多种学习策略，教师可以更加有效地进行自我导向学习，实现个人专业发展的目标。同时，这也有助于提升教师的教学水平和教育质量，为学生的全面发展提供更加有力的支持。

（四）促进学习反思与实践

教师专业发展不仅是一个知识积累和技能提升的过程，而且是一个在实践中不断反思、调整与成长的过程。这种反思精神贯穿于教师的自我导向学习中，成为推动其持续进步的重要动力。学习反思是教师对自我学习过程及结果的深入思考和审视。在自我导向学习中，教师需要定期回顾自己的学习经历，总结学习经验，发现学习中的问题与不足。这种反思有助于教师更加清晰地认识自己的学习状况，明确下一步的学习方向和目标。同时，通过反思，教师还可以发现自己在教育教学实践中的问题和挑战，从而有针对性地调整教学策略和方法，提升教学效果。学习反思不仅是对过去的总结，而且是对未来的规划。教师在反思过程中，需要结合自己的专业发展目标和教育教学实践，制订切实可行的学习计划。这个计划应包括学习目标、学习内容、学习方法、时间安排等方面。通过制订计划，教师可以更加有目的地进行学习，增强学习的针对性和有效性。

除了反思之外，实践也是教师专业发展中不可或缺的一环。实践是检验教师学习效果的重要途径。教师需要将所学知识和技能应用于教学实践中，通过实践来检验学习效果，发现并解决实际问题。这种实践不仅有助于教师巩固和深化所学知识，而且可以提高教师的教学能力、提升实践经验，为其专业发展奠定坚实的基础。在实践中，教师还需要不断尝试和创新。教育教学是一个复杂而多变的过程，需要教师根据实际情况灵活调整教学策略和方法。因此，教师需要具备创新意识和能力，勇于尝试新的教学理念和方法，不断探索适合学生的教学模式。这种创新不仅可以提升教学质量，而且可以激发学生的学习兴趣和积极性，促进其全面发展。学习反思与实践是相辅相成的两个方面。反思为实践提供了指导和方向，实践则为反思提供了素材和依据。通过不断反思与实践，教师可以形成深度学习的习惯，不断拓展自己的专业知识和技能，推动自我导向学习的持续深入。同时，这种反思与实践的过程也有助于教师形成独特的教学风格和教育理念，提高其专业素养，提升其教育教学水平，为学生的成长和发展提供更加优质的教育服务。

第六章　教师培训模式与策略概述

第一节　现代教师培训模式创新

一、创新模式的背景分析

（一）教育改革的需求

教育改革作为当下教育领域的重要议题，其深入推进对传统教师培训模式提出了严峻挑战。传统模式多以知识传授为中心，忽视了教师在实践中的能动性与创新性，这显然与现代教育理念格格不入。现代教育强调以学生为中心，关注学生的全面发展，特别是综合素质与创新能力的培养，这要求教师必须具备更高的专业素养和教育教学能力。因此，创新教师培训模式势在必行，这不仅是适应教育改革需求的必然选择，而且是提高教师整体素质、推动教育事业持续健康发展的关键。通过创新培训模式，可以更加精准地对接教育改革的目标与要求，帮助教师更新教育观念、提升教学技能，从而更好地服务于学生的成长与发展。

（二）技术发展的推动

科技的迅猛发展为教育领域带来了前所未有的变革，信息技术、网络技术等现代科技手段的广泛应用，不仅极大地丰富了教学资源，而且深刻地改变了教学方式与方法。在这一背景下，教师培训同样迎来了前所未有的发展机遇。传统的面对面培训模式因其时间、地点等方面的限制，已难以满足教师日益多样化的学习需求。现代科技手段则能够打破这些束缚，为教师提供更加灵活、便捷的学习方式与途径。例如，远程培训、在线学习等新型培训方式的兴起，不仅使得教师能够随时随地参与学习，而且能够根据自身需求进行个性化、定制化的学习安排。因此，技术发展无疑成为推动教师培训模式创新的重要力量，为教师培训带来了前所未有的可能性与活力。

（三）教师专业化成长的趋势

教师专业化成长是现代教育的核心议题之一，也是提升教育质量、推动教育事业发展的关键。随着教育改革的不断深化和教师职业地位的日益提升，社会对教师的专业素养和教育教学能力提出了更高的要求。传统的教师培训模式虽然在一定程度上能够满足教师的学习需求，但是在培养教师的实践能力和专业素养方面仍存在明显不足。因此，创新教师培训模式、注重教师的实践能力和专业素养的培养显得尤为重要。通过创新培训模式，可以更加有效地促进教师的专业化成长，提升教师的教育教学水平，使其能够更好地适应新的教育理念和教学方法，这不仅有助于教师的个人职业发展，而且能够为学生的全面发展和教育事业的持续进步提供有力保障。

二、现代教师培训模式的特点

（一）个性化与差异化培训

在深化教育改革的大背景下，现代教师培训模式日益凸显个性化与差异化培训的重要性。这一显著特点源于对教师个体差异的深刻认识和尊重。每位教师都是独一无二的个体，拥有各自的教学风格、知识结构和职业发展需求，因此，培训模式的设计必须采用更为精细化和差异化的策略。个性化培训的核心在于量身定制，即根据教师的个人特点、教学经验和发展目标，为其打造独一无二的培训方案。这不仅包括学习资源的个性化配置，而且涵盖发展路径的差异化设计。通过精准把握每位教师的实际需求，培训能够更具针对性和实效性，从而帮助教师突破职业发展的瓶颈，实现专业素养的全面提高。差异化培训则进一步强调了对教师多样性的尊重和包容，在培训过程中，应充分考虑到教师在年龄、性别、教育背景、教学经验等方面的差异，以及他们在面对教学问题时所展现出的不同态度和策略。通过提供多元化的培训内容和方式，差异化培训能够满足不同教师的需求，激发他们的学习动力和创新精神，进而促进整个教师群体的协同发展。

（二）实践与反思相结合

现代教师培训模式在推动教师专业成长的过程中，高度重视实践与反思的有机结合，该理念是对传统培训模式偏重理论传授的深刻反思和改进。教师作为教育教学实践的主体，其专业素养的提高离不开实际教学场景的磨砺和检验。实践是检验真理的唯一标准，也是提升教师教学技能的重要途径。现代教师培训模式通过组织丰富多样的实践活动，如课堂观摩、教学实习、案例研究等，为教师提供了真实的教学环境和问题情境。在这些实践活动中，教师能够亲身体验教学过程的复杂性和多样性，积累宝贵的教学经验，锤炼教学技能。反思作为实践的重要补充和深化，对于提升教师的教学智慧具有重要意义。现代教师培训模式鼓励教师在实践后进行深入反思，剖析自己的教学行为，总结经验教训，发现潜在问题，并寻求改进之道。

（三）线上线下融合学习

线上线下融合学习作为现代教师培训模式的显著特点，体现了信息技术与教育领域的深度融合。借助先进的网络技术和教育平台，教师培训得以突破传统时空限制，实现更为灵活与高效的学习方式。在这一模式下，教师可以根据个人的时间安排和学习需求，随时随地进行在线学习。线上学习的丰富资源与便捷性为教师提供了广阔的学习空间，线下实践则成为线上学习的有力延伸。通过线下实践活动，教师可以将线上所学的理论知识应用于实际教学场景中，从而在真实的教学环境中检验学习成果，加深对知识的理解和应用。此外，线上线下融合学习还促进了教师之间的交流与协作。在线平台为教师提供了便捷的沟通渠道，使他们能够随时分享学习心得、讨论教学问题，形成积极向上的学习氛围。

（四）社群学习与知识共享

社群学习与知识共享是现代教师培训模式中的核心理念之一，强调教师之间通过共同体的形式进行相互学习和知识交流。这一特征的出现，得益于网络技术的发展和教育理念的更新，使得教师培训不再是一个孤立的过程，而是成为一个群体互动、知识共建的过程。在社群学习的环境中，教师被聚集在一个共同的学习空间内，他们可以自由地分享自己的教学经验、教学资源、教学心得。这种分享不仅仅是单向的知识传递，更是一种多维度的互动与交流。每位教师都可以从他人的分享中获得启发，同时也能够为他人的学习提供支持和帮助。知识共享是在社群学习的基础上，进一步强调了知识的开放性和流通性。在培训过程中，教师被鼓励将自己的知识成果进行共享，从而使整个社群的知识储备得到不断的丰富和拓展。

三、创新模式的核心要素

（一）培训内容的前沿性与实用性

前沿性作为培训内容的关键属性，强调的是培训内容必须与时俱进，紧跟教育领域的发展脉搏。这意味着培训内容不仅要涵盖传统的教育理念与教学方法，而且要及时吸纳与展现教育教学的新理念、新技术和新方法。通过不断更新和优化培训内容，确保教师能够接触到最前沿的教育理论与实践，从而在专业领域内保持领先的竞争力。实用性是培训内容的另一重要维度。它要求培训内容不仅要有理论深度，而且要具备实践指导意义。换言之，培训内容必须紧密贴近教师的日常工作实际，能够直接应用于解决教育教学过程中的具体问题。这种以问题为导向的培训内容设计，能够显著提高教师解决实际问题的能力，进而提升教育教学质量。同时，实用的培训内容也更能激发教师的学习兴趣和热情，因为他们能够直观地看到学习成果在工作中的体现，从而增强学习动力。

（二）培训方法的多样性与灵活性

多样性体现在培训过程中应采用多元化的教学方法，以满足不同教师群体的学习风格和兴趣需求。例如，通过案例分析，教师可以深入剖析教育实践中遇到的具体问题，提高解决实际问题的能力；小组讨论有助于激发教师的集体智慧，促进彼此间的交流与合作；角色扮演能让教师设身处地地理解学生和家长的立场，提升教育教学的人文关怀。灵活性是培训方法设计的另一大原则。它要求培训能够根据教师的实际情况和需求进行个性化的调整。这种灵活性不仅体现在培训时间、地点的安排上，而且包括培训内容进度和教学方法的灵活调整。例如，针对不同学科、不同年级的教师，可以量身定制符合其实际需求的培训课程；同时，根据教师的反馈和学习进度，及时调整教学方法和节奏，确保每位教师都能从培训中获得最大的收益。

（三）培训评价的科学性与全面性

在科学性与全面性原则的指导下，培训评价成为现代教师培训创新模式中不可或缺的一环。科学性是评价工作的基石，它要求评价必须遵循明确的标准和合理的程序进行。这意味着在评价过程中，应运用科学的方法和工具，如量化和质性评价相结合，全面、客观地收集教师的反馈意见和学习成果。通过这样的评价方式，可以更加准确地了解培训的实际效果，为后续的改进提供有力依据。全面性是评价工作的另一重要方面。它强调评价应涵盖培训过程的各个维度，包括培训内容、方法、效果，以及教师的参与度、满意度等。全方位的评价不仅可以全面反映培训的整体质量，而且可以帮助发现培训中存在的问题和不足，从而推动培训模式的持续改进和优化。

四、创新模式的具体实施策略

（一）构建前沿且实用的培训体系

1. 持续更新培训内容

在构建前沿且实用的培训体系时，持续更新培训内容显得尤为重要。为了保持培训的前沿性，必须紧密跟踪教育领域的最新动态，包括但不限于教育理念、教学方法、教育技术的更新与变革。通过定期更新培训内容，可以确保教师始终能够接触到最前沿的教育理论与实践成果。同时，与教育专家、学者建立紧密的合作关系也是关键。他们作为教育领域的领军人物，对教育发展的趋势有着深刻的洞察和独到的见解。与他们共同研发培训课程，不仅能够确保课程内容的前瞻性和专业性，而且能够借助他们的影响力，吸引更多的教师参与培训，从而推动整个教师队伍素质的提高。

2. 强化实践导向

教师培训的最终目的是提高教师的实际教学能力，因此，培训项目的设计必须紧紧围绕这一核心目标。通过设计以解决实际问题为核心的培训项目，可以引导教师在实践中学习、在反思中成长。这种以问题为导向的培训方式不仅能够提高教师的实践能力，而且能够激发他们的创新思维，推动教育教学工作的持续改进。此外，开展校本研修也是强化实践导向的有效途径。校本研修鼓励教师在自己的教学环境中进行行动研究，通过实践、观察、反思、再实践的过程，不断深化对教育教学的理解，提高解决实际问题的能力。以校为本的培训方式，不仅能够充分利用学校现有资源，而且能够促进教师之间的交流与合作，形成良好的学习氛围，推动整个学校的持续发展。

（二）采用多样灵活的培训方法

1. 混合式学习模式

混合式学习模式通过巧妙地结合线上与线下学习，打破了传统培训的时空限制，使教师能够更灵活地参与学习。线上学习平台提供了丰富的教育资源和便捷的学习工具，教师可以根据自己的时间安排和学习进度，自主选择学习内容和方式。这种自主性的增强不仅有助于增强教师的学习动力，而且能够显著提高学习效率。同时，混合式学习模式还注重创设虚拟学习社区。这些社区为教师提供了一个在线交流与合作的平台，他们可以在这里分享教学心得、讨论教育问题、共同研发教学方案。这种跨时空的互动交流不仅能够促进教师之间的知识共享与经验传承，而且能够培养他们的团队协作精神，共同推动教育教学工作的创新与发展。

2. 定制化培训方案

定制化培训方案是满足教师个体差异化需求的有效途径。每位教师都有其独特的教学风格、专业背景和发展需求，因此，为他们提供量身定制的培训方案至关重要。通过深入了解教师的实际情况和需求，培训机构可以制订出更具针对性和实效性的培训计划，确保每位教师都能从培训中获得最大的收益。此外，引入导师制也是定制化培训方案的重要组成部分。为教师配备专业导师，可以提供更为个性化和深入的指导。导师们不仅具备丰富的教育实践经验，而且能够根据教师的特点和需求，提供精准的教学建议和职业规划。在导师的引领下，教师可以更快地成长为教育教学领域的佼佼者，为提高整个教师队伍的素质作出积极贡献。

（三）实施科学全面的培训评价

1. 建立多维评价体系

在科学全面的培训评价中，建立多维评价体系旨在通过结合过程评价与结果评价，全面而深入地反映教师的培训成效。过程评价关注教师在培训过程中的学习表现、参与度、成长轨迹，结果评价则着重衡量培训后教师在教育教学实践中的改进与成效。为确保评价的客观性，多维评价体系还引入了同行评价和自我评价等多元评价方式。同行评价通过教师之间的相互观摩、评议，提供更为真实、全面的反馈，有助于教师发现自身可能忽视的优点与不足。自我评价则鼓励教师进行深入的自我反思，增强他们的自主发展意识，促进持续的专业成长。

2. 数据驱动的培训改进

数据驱动的培训改进是现代教师培训评价的另一重要方面，借助大数据和人工智能技术的支持，可以对教师在培训过程中产生的海量数据进行深入分析和挖掘。这些数据包括学习时长、互动次数、作业完成情况等，能够揭示教师培训的真实状态与潜在问题。通过对这些数据的分析，可以及时发现培训方案中存在的不足与漏洞，进而进行有针对性的优化与改进。同时，定期公布培训效果报告，接受社会各界的监督与评价，有助于增强培训工作的透明度与公信力。以数据为驱动、以效果为导向的培训改进模式，能够确保培训质量持续提升，更好地满足教师的专业发展需求。

（四）营造支持性的培训环境

1. 加强政策引导与激励

营造支持性的培训环境，首要任务是加强政策引导与激励，通过制定明确的政策，可以凸显教师培训在教育领域中的重要地位和作用，从而引导各级教育机构和教师自身对培训工作给予足够的重视。政策内容应涵盖培训的目标、要求、保障措施等方面，确保培训工作有章可循、有据可依。同时，设立奖励机制也是激励教师积极参与培训的重要举措。通过设立多种形式的奖励，如优秀学员评选、教学成果展示等，可以充分激发教师的学习热情和职业荣誉感，这种正向激励不仅能够增强教师参与培训的积极性和主动性，而且能够促进他们在培训过程中不断挖掘自身潜力，实现专业素养的显著提高。

2. 提供丰富的培训资源

在营造支持性培训环境的过程中，通过整合各类优质教育资源，包括教材、教案、教学视频等，可以为教师提供多样化、高质量的学习材料和工具，满足他们不同层次、不同领域的学习需求。此外，建立教师培训资源共享平台也是促进资源有效利用的重要途径。借助现代信息技术手段，可以打破地域和时间限制，实现培训资源的跨区域、跨时段共享。这不仅有助于缓解部分地区或时段资源紧张的状况，而且能够促进教师之间的交流与合作，推动教育教学资源的持续优化与更新。

第二节 混合式学习在教师培训中的应用

一、混合式学习模式概述

（一）混合式学习定义与特点

1. 定义阐述

混合式学习，即将传统的面对面学习与在线学习巧妙结合，这种结合并不是简单的相加，而是通过两种学习模式的深度融合与优势互补，以追求更优质的教学效果和学习体验。在这种模式下，学习者既能够享受到传统课堂中师生互动、即时反馈的优势，又能利用在线学习的灵活性和丰富资源，随时随地进行自我学习和提升。通过这样的结合，混合式学习打破了时间和空间的限制，为学习者提供了一个更加自由、多元且高效的学习环境。更重要的是，混合式学习强调了个体化学习的重要性，让每名学习者都能根据自己的节奏和兴趣进行学习，这无疑极大地增强了学习的主动性和积极性，从而达到更佳的学习效果。

2. 特点分析

（1）灵活性

混合式学习所展现的灵活性，不仅是简单的时间与空间上的调整，而且是深层次的学习模式的变革。在传统的学习模式中，学习者往往受限于固定的课程安排和物理学习空间。然而，混合式学习打破了这一束缚，允许学习者在广阔的时间与空间范围内自由选择学习节点。这种灵活性不仅体现在学习者可以根据个人的日程安排、学习速度、理解程度自主调整学习进度，而且赋予了学习者在学习过程中的主动权和自主权。自主性的增强有助于学习者更好地平衡工作、生活与学习之间的关系，同时也能够更高效地利用碎片化的时间进行知识的吸收与内化。

（2）个性化

个性化学习是现代教育追求的重要目标之一，混合式学习正是实现这一目标的有效途径。通过在线学习平台，混合式学习为每名学习者提供了定制化的学习体验。学习者可以根据自己的学习风格、兴趣偏好、学术背景，在丰富的课程资源和多样的学习路径中作出最优选择。这种个性化的学习方式不仅能够激发学习者的学习兴趣和动力，而且能够针对个体的学习特点和需求，提供精准的学习支持和反馈。在线学习平台通过收集和分析学习者的学习数据，还能够为学习者推荐相关的学习资源和活动，从而进一步促进学习者的个性化发展。

（3）互动性

传统的面对面学习虽然能够提供直接的师生互动机会，但是受限于物理环境和时间因素，其互动深度和广度往往有限。在线学习平台则通过技术手段，为学习者、教师及其他学习者之间构建了多维度的互动空间。在混合式学习环境中，学习者可以利用论坛、聊天室、在线协作工具等多种方式进行实时的交流和讨论，分享彼此的观点和见解。这种线上线下的有机结合不仅丰富了学习的社交体验，而且有助于促进知识的深度理解和创新应用。同时，教师也可以通过这些互动渠道，及时了解学习者的学习动态和需求，从而提供更为精准和有效的教学支持。

（二）混合式学习模式的理论基础

1. 构建主义学习理论

构建主义学习理论是当代教育心理学中的一股重要思潮，深刻揭示了学习的本质过程。该理论认为，学习并非被动接受外部知识的过程，而是学习者基于已有的知识和经验，主动与外界环境进行交互，从而建构起新的认知结构和意义的过程。混合式学习正是基于这一理念，通过提供多样化的学习资源和情境，为学习者创造了一个积极建构知识的环境。在混合式学习中，学习者可以根据自身的学习需求和兴趣，选择适合自己的学习资源和学习方式，从而在主动探索和解决问题的过程中，不断建构和完善自己的知识体系。以学习者为中心，强调主动建构的混合式学习模式，与构建主义学习理论的核心观点不谋而合，共同促进了学习者的全面发展。

2. 联通主义学习理论

联通主义学习理论是伴随着网络时代的到来而兴起的一种新型学习理论。该理论强调知识的网络化和连接性，认为学习是发生在复杂的信息网络中的，学习者通过不断建立和优化知识网络中的连接，实现知识的获取和创新。混合式学习通过线上线下的有机结合，为学习者提供了一个跨越时空界限的学习环境，使得学习者可以在任何时间、任何地点与知识网络中的其他节点进行连接和交互。这种学习方式不仅拓宽了学习者的知识视野，而且有助于培养学习者的信息筛选、整合和创新能力。在混合式学习的实践中，学习者通过参与线上讨论、协作完成任务等活动，不断与其他学习者、教师、知识资源建立连接，从而在动态的知识网络中实现个人知识的增长和价值的提升。

二、教师培训中混合式学习模式的设计与实施

（一）设计原则

1. 需求导向原则

在教师培训中，混合式学习设计必须坚定地以教师的实际需求为核心出发点，这种需求导向的设计理念体现了对教师个体差异和职业发展目标的深刻尊重。教师的需求是多样且具体的，它们源于各自的教学实践、学科背景及所处的教育环境。因此，混合式学习设计需要通过深入的需求分析，精准把握教师的期望与诉求，从而为其量身打造符合实际需求的学习内容和活动，不仅有助于增强教师的学习积极性和参与度，而且能确保培训内容的针对性和实效性，促进教师专业知识与技能的有效提升。

2. 实践性原则

实践性原则是教师培训中混合式学习设计的又一重要准则。教师的专业发展紧密依托于实际的教学实践，因此，学习设计必须强调理论与实践的深度融合。这意味着，混合式学习内容不应仅仅停留在理论知识的传授上，而应更加注重实践技能的培养和实战经验的积累。通过设计贴近真实教学场景的学习活动，如案例分析、教学模拟、实地观摩等，混合式学习

能够帮助教师将理论知识转化为实际操作能力，从而更好地解决教学中的实际问题。

3. 灵活性原则

灵活性原则是确保混合式学习设计适应性的关键。教师作为独立的个体，拥有不同的学习风格、节奏和兴趣偏好。因此，混合式学习设计必须具备足够的灵活性，以适应这种多样化的学习需求。具体而言，设计过程中应提供多样化的学习路径和资源选择，允许教师根据自身情况自主调整学习进度和方式。同时，学习平台也应支持个性化的学习设置和定制化的学习体验，从而确保每位教师都能在最适合自己的学习环境中获得最佳的学习效果。以学习者为中心的灵活设计理念，不仅有助于提升教师的学习满意度和成效，而且能充分体现混合式学习模式的独特优势和价值。

（二）实施步骤

1. 需求分析与课程规划

在实施混合式学习模式的教师培训前，进行深入细致的需求分析是不可或缺的步骤。该环节通过综合运用问卷调查、访谈、观察等多元研究方法，旨在全面而系统地探明教师的培训需求、期望及其所面临的具体教学挑战。此举不仅有助于把握教师的个体差异化需求，而且能为后续课程规划提供科学、合理的依据，从而确保培训内容的针对性和实效性。需求分析的结果对于制订课程规划具有至关重要的指导作用。结合教育教学目标和教师培训的整体要求，可以制订出详尽而周密的课程规划和学习目标。在课程规划方面，应充分考虑知识的结构体系，既要涵盖必要的理论知识，又要涉及实践技能的培养，以确保学习的全面性和深度。同时，明确各阶段的学习重点，有助于教师更好地把握学习进度和方向。此外，设定具体、可衡量的学习目标，能够为学习过程中的跟踪评估提供明确的标准，从而保障学习效果的可观测性和可评价性。

2. 资源准备与开发

资源准备与开发要求根据已制订的课程规划和学习目标，精心策划并开发一系列线上线下的学习资源。这些资源包括教学视频、电子课件、案例库、互动平台等，它们共同构成了支撑混合式学习模式运行的丰富内容基础。在资源准备过程中，多样性和高质量是两个至关重要的考量维度。

多样性不仅体现在资源类型的多样化上，如文本、图像、音频、视频等多种格式的综合运用，而且体现在呈现方式的灵活多变上，以满足不同教师群体的学习风格和认知需求。同时，学习路径的多元化设计也是实现资源多样性的重要手段，能够为教师提供个性化的学习选择和路径规划。高质量是对资源内容的严格要求。它要求所开发的资源必须准确无误、具有权威性，并且制作精良、易于理解和接受。只有这样，才能确保资源有效地支持教师的学习过程，促进其专业发展。

3. 教学活动设计与组织

为了推动教师深度融入学习过程并促进彼此间的交流互动，必须精心策划一系列线上与线下紧密结合的教学活动。这些活动形式多样，可能包含小组讨论、角色扮演、实践演练、专家讲座等，每种形式都旨在通过其独特的学习方式，点燃教师的学习热情并激发其持续探索的动力。在设计这些教学活动时，必须深思熟虑活动的目标、内容、形式及具体的实施细节。活动的目标应紧密围绕整体学习目标展开，确保每一项活动都能为达成最终学习目标贡献力量。活动内容的选择应贴近教师的实际教学场景，以使其能够将所学知识与日常教学实践相结合，实现知识的有效转化。同时，活动形式需灵活多变，以适应不同教师的学习风格和需求，从而确保每位教师都能在活动中找到自己的位置，充分发挥其主观能动性。此外，活动的组织与实施同样不容忽视。必须精心制订活动流程，明确各环节的任务与责任，以确保活动的顺利进行；同时，还需密切关注活动过程中的教师反馈，及时调整活动策略，以最大化活动的成效。

4. 学习支持与评估

在混合式学习模式下，为教师提供全方位的学习支持服务尤为关键，这些支持服务涵盖多个层面，如学习指导、技术咨询、情感支持等。学习指导服务致力于帮助教师厘清学习方向、明确学习目标，并据此制订出切实可行的学习计划。技术咨询专注于解决教师在技术层面遇到的难题，确保其能够无障碍地使用学习平台及相关资源，从而为其学习之路扫清障碍。情感支持更多地关注教师的心理感受和情感需求，通过提供必要的鼓励和帮助，增强其学习信心，缓解学习压力。与此同时，还需构建一个科学有效的评估机制，通过定期的学习评估，可以实时掌握教师的学习进展和成果情况，及时发现潜在问题并提供有针对性的反馈和改进建议。评估结果不仅是对教师学习效果的客观反映，而且可以作为后续课程规划和教学活动设计的重要参考依据。

三、混合式学习环境下教师专业成长路径

（一）自主学习与知识更新

1. 利用在线资源自主学习

混合式学习平台为教师提供了便捷、高效的学习途径，教师可以通过这类平台，依据个人的兴趣和专业发展需求，自主选择相关的学习模块。这些模块通常涵盖了丰富的教育理论知识、前沿的教学方法、实用的教学技能，有助于教师进行系统的知识学习和更新。在自主学习的过程中，教师不仅能够掌握新的教学理念和技术，而且能够根据自身的教学实践进行反思与总结，从而实现知识的内化和能力的提高。此外，混合式学习平台的灵活性和个性化特点也满足了教师不同学习风格与节奏的需求，使学习更加符合个人习惯，提高学习效率。

2. 参与在线社区交流分享

参与在线社区交流分享是教师专业成长的重要途径之一。通过加入专业社群，教师能够与来自不同地域、不同背景的同行建立联系，共同分享教学经验，探讨教学问题。这种跨时空的交流方式不仅为教师提供了丰富的信息资源和观点碰撞的机会，而且有助于拓宽其专业视野，激发创新思维。在线社区的交流分享具有实时性、互动性和开放性的特点。教师可以随时提出问题、分享心得，获得同行的及时反馈和建议。同时，通过观摩他人的教学实践和成果，教师能够汲取灵感，借鉴经验，不断优化自己的教学方法和策略。

（二）协作学习与共同发展

1. 小组合作与项目实践

小组合作与项目实践是教师在混合式学习环境中实现协作学习与共同发展的关键策略。通过组建学习小组，教师能够围绕共同的教学目标和兴趣聚合，从而形成一个富有活力、互相支持的学习共同体。在这种氛围中，每位

教师不仅是知识的接收者，而且是知识的贡献者和创造者。共同承担教学实践项目，意味着教师需要携手合作，共同面对教学挑战，通过深入的研讨、精心的规划和实施，最终完成任务。这一过程不仅锻炼了教师的团队协作能力，而且促进了他们在教学理念、方法和技能上的互相学习与借鉴。

2. 导师制与专家引领

导师制与专家引领在教师的专业发展中扮演着举足轻重的角色，通过建立导师制度，教师有机会与资深教育专家或优秀教师建立长期的指导关系。这种一对一或一对多的指导模式为教师提供了个性化、有针对性的学习支持。教学专家凭借其丰富的教育经验和深厚的专业素养，能够帮助教师解决在教学实践中遇到的各种难题。他们的指导不仅包括具体教学方法的传授，而且包括教育理念的更新、教学态度的塑造、教学研究的引领。在专家的引领下，教师能够更快地突破自我，实现教学水平的显著提升；同时，这种指导关系也为教师提供了一个持续学习、不断进步的平台，为他们的专业发展注入了源源不断的动力。

四、利用混合式学习提升教师培训效果的策略

（一）优化学习资源与内容

1. 精选高质量学习资源

在混合式学习环境下，学习资源的质量直接关系到教师的学习效果和专业发展，因此，精选与教师培训目标紧密相关的高质量学习资源显得尤为重要。在这一过程中，需要运用专业的筛选标准，对学习资源进行细致入微的评估和选择，确保其内容的针对性、科学性和实用性。同时，还需关注学习资源与教师实际教学需求的契合度，以便能够更好地满足教师在专业知识、教学技能、教育理念等方面的提升需求。通过精选高质量学习资源，不仅可以为教师提供更为精准、有效的学习支持，而且可以引导他们在浩瀚的知识海洋中快速定位到对自己有实际帮助的内容，从而提高学习效率，促进专业成长。

2. 定期更新学习资源

教育教学领域的发展日新月异，新的教学理念、方法和技术层出不穷，

为了保持混合式学习的活力和效果，必须定期更新学习资源，以确保内容的时效性和新颖性。更新学习资源不仅是简单地添加新内容，而且是一个对现有内容进行优化、整合和再创新的过程。在更新学习资源时，需要密切关注教育教学领域的最新动态和趋势，及时捕捉并整合前沿的教学理念和实践成果。同时，还应结合教师的实际需求和反馈，对学习资源进行有针对性的调整和完善，以保持其与实际教学场景的紧密联系和高度契合。通过定期更新学习资源，不仅可以为教师提供持续、动态的学习支持，而且可以激发他们的学习兴趣和热情，推动其不断追求专业上的卓越与进步。

（二）强化学习支持与互动

1. 完善学习支持服务

在混合式学习环境中，为了确保教师的学习体验和效果达到最佳状态，完善的学习支持服务显得尤为关键。这种服务不仅涵盖了技术层面的支持，以解决教师在学习过程中可能遭遇的技术障碍，而且包括了学习辅导机制的构建。通过设立专业的学习辅导团队，能够为教师提供及时、精准的问题解答和学术指导，从而帮助他们更好地掌握知识和技能。此外，为了满足教师多样化的学习需求，提供丰富、高质量的学习资源也是完善学习支持服务的重要一环。这些资源可以包括精心制作的教学视频、实战案例库，以及由行业专家主讲的在线讲座等。通过这些资源的提供，教师能够根据自身的学习进度和兴趣进行个性化的学习，从而更全面地提高自身的专业素养。

2. 促进学员之间的互动交流

在混合式学习模式中，学员间的互动交流被赋予了极高的价值。为了强化这一环节，可以建立多元化的交流平台，如线上论坛、专业微信群等，以鼓励教师积极分享各自的学习心得、教学经验及在实际教学中遇到的难题。这种线上交流的方式不仅打破了时间和空间的限制，使得教师能够随时随地进行深入的讨论和交流，而且能够有效促进知识的传递和经验的共享。同时，定期的线下交流活动也是不可或缺的一部分。通过组织研讨会、工作坊等形式的活动，教师有机会面对面地交流思想、分享经验，并在实际的合作中加深彼此的了解和信任。因此，通过线上线下的有机结合，可以营造一个充满活力、积极向上的学习氛围，从而推动教师在混合式学习环境中实现共同成长和进步。

（三）完善评估与反馈机制

1. 建立多维评估体系

在混合式学习环境中，为了确保对教师学习成果进行全面、客观的评估，建立多维评估体系显得尤为重要。这一体系不仅应涵盖传统的知识掌握程度评估，而且应将学习态度、教学实践能力等多个方面纳入考量范围。通过学习态度评估，可以深入了解教师对学习的投入程度和积极性，从而判断其学习动力和专业发展意愿。知识掌握评估旨在检验教师对学习内容的理解和应用程度，确保其具备扎实的专业基础。教学实践评估侧重考查教师在实际教学场景中的运用能力，以评估其学习成果的实际效果。多维评估体系的建立，不仅能够为教师提供更为全面、个性化的学习反馈，而且有助于发现教师在不同维度上的优势和不足，从而为他们制订更具针对性的学习和发展计划。

2. 及时反馈与调整策略

评估结果的及时反馈是混合式学习中不可或缺的一环，通过及时向教师提供评估反馈，可以让他们清晰地了解自己的学习进度和成果，发现存在的问题和不足，从而及时调整学习策略，确保培训效果的最大化。反馈内容应具体、明确，既要肯定教师的努力和进步，也要指出需要改进的地方，并提供相应的建议和指导。同时，根据教师的反馈情况，培训机构也应及时调整教学策略和资源配置，以满足教师不断变化的学习需求。这种双向的反馈和调整机制不仅能够提升教师的学习体验与满意度，而且能够确保混合式学习的持续有效性和适应性。通过不断完善评估与反馈机制，可以推动教师在混合式学习环境中实现更高效、更个性化的专业发展。

第三节　个性化培训策略探索

一、个性化培训需求分析

（一）教师背景与需求调研

1. 分析教师基本情况

深入了解教师的背景，其涵盖了教育经历、学术资格，以及他们在教育系统中的定位等多个层面。教育背景不仅揭示了教师的知识基础，而且反映了他们的学术视野和思维方式。例如，拥有不同学历背景的教师可能对教育理论和教学方法有着截然不同的理解与偏好。同时，教学经验的长短也直接影响到教师对于课堂管理和学生互动的熟练程度，从而决定了他们在培训中对哪些方面的知识和技能有更为迫切的需求。再者，所授学科的不同，意味着教师需要掌握的专业知识和教学技巧也会有所差异。因此，通过综合考量这些因素，能够更精准地识别出教师在专业发展道路上可能遭遇的难点和热点，进而设计出更加贴合他们实际需求的个性化培训方案。

2. 调查教师专业发展需求

教师专业成长是一个持续且多元化的过程，要求人们深入探索每位教师的独特需求。鉴于教师专业发展需求的复杂性和多样性，必须通过系统而细致的调查来揭示其全貌。运用问卷调查、深度访谈、课堂观察等多元化的研究方法，学校可以收集到丰富而详尽的一手数据。问卷设计应聚焦于教师对自身职业生涯的规划和期望，探寻他们渴望提升的具体技能和知识领域。访谈和观察则能够提供更深入、更直观的视角，帮助学校理解教师在实际教学中的挑战和困境，以及他们对培训内容和形式的真实期待。

3. 识别教师教学风格与特点

每位教师都在长期的教学实践中形成了自己独特的教学风格，这些风格可能偏向于讲解传授、互动探讨、实践操作等。识别和理解这些多样化的教学风格，对于定制个性化的培训方案至关重要。同时，学校还需要深入剖析教师在教学中的优势和短板，这不仅可以帮助他们更好地认识自己，而且可以使培训内容更加贴近他们的实际需求。例如，对于讲解型的教师，学校可能需要在培训中强化其与学生互动和激发学生主动性的能力；对于实践型的教师，则可能需要提供更多关于如何将实践活动与理论教学相结合的策略和方法。

（二）个性化需求评估与分类

1. 制订需求评估标准

为确保个性化培训的有效性，制订一套科学且合理的需求评估标准是不可或缺的环节。这套标准必须综合考虑多方面因素，以确保评估结果的准确性和客观性。其中，教师的专业发展目标构成了评估的基石，因为它们直接反映了教师个人的职业追求和成长方向。同时，教学实际需求是另一个重要的考量点，涉及教师在日常工作中所面临的具体挑战和需要提升的技能点。此外，教育行业的发展趋势也不容忽视，决定了未来教育领域对教师素质的新要求。综合这些因素，学校可以构建一套全面而细致的评估标准，从而真实、准确地反映教师的培训需求，为后续的培训工作提供有力的依据。

2. 划分教师需求层次

在对教师进行个性化需求评估后，需要进一步对其需求进行层次划分，该划分有助于学校更深入地理解教师的不同需求，并为他们量身定制更加精准的培训方案。具体而言，学校可以将教师的培训需求划分为基础技能培训、高级专业技能提升、领导力和管理能力培养等多个层次。基础技能培训主要针对那些刚入职或需要巩固教学基本功的教师，帮助他们掌握基本的教学方法和技巧。高级专业技能提升侧重那些在特定学科或教学领域有深入研究的教师，通过培训帮助他们进一步提高专业素养、提升教学质量。领导力和管理能力培养是针对那些有志于担任学校管理职务的教师，通过相关培训提高他们的团队协作、决策制订、问题解决等能力。

3. 设定个性化培训目标

明确教师需求层次后，为每位教师设定个性化的培训目标至关重要，这些目标不仅需要具体、可衡量，而且应与教师的专业发展规划紧密相连。通过设定明确的培训目标，学校可以帮助教师更加清晰地认识到自己的发展方向，并为他们提供一个可量化的成长路径。同时，个性化的培训目标还能有效激发教师参与培训的积极性，因为他们能够明确看到培训所带来的实际成果和进步。在设定培训目标时，应综合考虑教师的个人特点、教学风格、职业发展需求等因素，确保目标既具有挑战性又切实可行。

二、定制化培训方案设计

（一）培训内容策划与选择

1. 确定核心知识点

在定制化教师培训方案的构建过程中，核心知识点构成了培训方案的基石，是教师必须深入理解与掌握的基础和重点内容。它们与教师的教学工作紧密相连，对于提高教师的专业素养和教学能力具有举足轻重的作用。为了确保培训内容的针对性和实用性，学校需要对教师的实际需求进行深入分析，包括他们的教学背景、工作环境，以及所面临的挑战等。在此基础上，可以精选出最符合教师核心能力提升需求的知识点，从而确保培训内容的精准性和有效性。该过程不仅要求人们对教师的实际需求有深刻的洞察，而且需要学校具备对教育领域发展趋势的敏锐感知，以确保所选取的核心知识点既能满足教师的当前需求，又能引领他们的专业发展。

2. 设计实践能力培养内容

教师的实践能力是评价其专业素养的重要指标之一，因此，在培训内容策划中，实践能力培养内容的设计显得尤为重要。实践能力不仅是对理论知识的简单应用，而且是教师在复杂教学环境中解决问题、创新教学方法的关键能力。为了有效提高教师的实践能力，需要设计一系列丰富多样的实践活动和案例分析。这些活动应涵盖课堂管理、学生互动、教学资源利用等多个方面，旨在帮助教师在实际操作中锤炼技能、积累经验。同时，案例分析可以为教师提供真实的教学场景，引导他们在分析、解决问题的过程中深化对理论知识的理解，提高实战能力。

3. 选择拓展知识领域

在定制化教师培训方案中，拓展知识领域的选择是丰富培训内容、拓宽教师视野的重要环节。这些知识领域虽然可能与教师的专业教学不直接相关，但是它们能够为教师提供宝贵的教学灵感和创新思维，激发教师探索未知领域的热情。通过精心选择适当的拓展知识领域，学校可以帮助教师打破学科壁垒，形成更为全面、多元的知识体系。这不仅能够提升教师的教学水平，而且能够提高他们的综合素质，使他们在面对复杂多变的教育环境时更加游刃有余。

（二）培训模式与方法创新

1. 构建线上线下融合培训模式

随着信息技术的迅猛发展，线上线下融合的培训模式已逐渐成为教育领域的新常态。此模式深度融合了传统面对面培训与网络在线培训的双重优势，旨在为教师提供更加灵活多样、高效便捷的学习体验。通过构建这一模式，学校能够有效地满足教师在不同时间和地点的学习需求，从而极大地提升培训的覆盖率和实际效果。具体而言，线上培训可借助各类教育平台，提供丰富的教学资源与自主学习机会，使教师能够根据自身节奏进行知识吸收与反思；线下培训则着重于实践操作与深度交流，通过面对面的互动，加强教师之间的经验分享与技能提升。

2. 应用互动式教学方法

互动式教学方法以其独特的魅力和实效性，在现代教育培训中占据着举足轻重的地位。这种方法强调教师与培训内容、教师与教师之间的多维互动，旨在通过积极参与和深度交流，激发教师的学习兴趣和内在动力。在培训过程中，学校可以灵活运用小组讨论、角色扮演、头脑风暴等多样化的互动方式，鼓励教师主动发言、分享经验，从而营造出一种轻松愉悦、富有创造力的学习氛围。通过互动式教学方法的应用，不仅能够有效提高教师之间的沟通与协作能力，而且能够显著提升培训的实际效果，使每一名参与者都能从中获得真正的成长与进步。

3. 结合案例分析与实战演练

案例分析与实战演练作为教师培训中的重要环节，对于提高教师的实践能力和问题解决能力具有不可替代的作用。通过精心选取真实的教学案例，引导教师进行深入剖析和反思，学校能够帮助他们更好地理解理论知识，并探索其在实际教学中的运用方式。同时，结合实战演练环节，让教师在模拟的教学环境中进行亲身操作和实践，不仅能够检验他们对理论知识的掌握程度，而且能够锻炼他们的应变能力和创新思维。这种案例分析与实战演练的有机结合，不仅使培训内容更加贴近教师的实际工作需求，而且为他们的专业成长提供了有力的支持和保障。

（三）培训方案优化与调整

1. 评估方案实施效果

培训方案正式实施之前，需要进行一次全面而细致的预评估，主要涉及对方案的可行性进行深入分析、预测并评估教师对该方案的接受程度，以及预先识别可能在实施过程中遇到的问题和挑战。预评估的目的在于及时发现方案中存在的不足或潜在风险，并对其进行修正和优化，从而确保培训方案的有效性和实用性。为了实现这一目标，可以采用多种评估工具和方法，如问卷调查、专家评审、模拟实施等，以便更全面地了解方案的可行性和潜在问题。

2. 收集与整理教师反馈

在培训过程中，积极收集并整理教师的反馈意见是优化培训方案的关键环节。教师的反馈可能涉及对培训内容的评价、对培训方式的建议，以及对培训效果的直观感受等多个方面。为了有效收集这些反馈，可以采用问卷调查、小组讨论、面对面访谈等多种方式。随后，对这些反馈进行系统的整理和分析，以深入了解教师的真实需求和期望。该过程不仅有助于发现培训方案中的短板和不足，而且能为后续的方案调整提供有力的数据支持和方向指引。

3. 针对性调整与完善方案

根据前期收集的教师反馈和预评估结果，对培训方案进行针对性的调整和完善是至关重要的，包括但不限于修改培训内容以更贴近教师的实际需求、调整培训方式以提升教师的参与度和学习效果，或增加实战演练环节以提高教师的实践能力。在进行这些调整时，应充分考虑教师的个体差异和整体需求，确保调整后的方案更具针对性和实效性。同时，还需对调整后的方案进行再次评估，以确保其能够满足教师的期望并提升整体培训效果。通过这样的优化和调整过程，可以显著提升培训方案的质量，增强实用性，进而推动教师的专业成长和发展。

三、多元化培训方法应用

（一）传统培训方法创新运用

1. 讲座式培训中的互动环节设计

讲座式培训，作为一种经典的教学形式，往往因其信息传递的单向性而受到限制，然而，通过精心设计的互动环节，这种培训方法可以焕发新的活力。具体而言，融入问答、小组讨论等多元互动形式，能够显著激发听众的主动参与意识，进而促进其对讲座内容的深入思考与理解。问答环节可以实时检验听众对讲座内容的掌握情况；小组讨论则鼓励听众之间进行交流与碰撞，从而拓展思维的广度和深度。这种创新运用方式不仅有效地打破了传统讲座式培训的局限性，而且使得整个培训过程变得生动有趣，显著提升培训效果与质量。

2. 研讨式培训中的主题深化探讨

研讨式培训的核心在于通过深入研讨来加强理解和应用，选择具有深度和广度的主题进行探讨是确保培训效果的关键。在此基础上，采用分组讨论、案例分析、角色扮演等多元化方法，能够进一步丰富研讨的层次和角度。这些方法的运用不仅有助于参训者全面、深入地理解主题内容，而且能在互动中提高其解决实际问题的能力。特别是案例分析和角色扮演，它们通过模拟真实场景，让参训者在实践中学习和成长，从而更加深刻地理解和掌握相关知识。

3. 实践操作中的导师制辅导

在实践操作中引入导师制辅导，实际上是为每名参训者量身定制了一种高效的学习模式。在这种模式下，经验丰富的导师能够根据参训者的实际情况，提供具有针对性的指导和建议。这不仅有助于参训者快速掌握实践操作的技巧和方法，而且能在实际操作中提高其解决问题的能力和创新思维。一对一的辅导模式，确保了每名参训者都能得到充分的关注和指导，从而显著提高其实践能力、提升其操作技巧。同时，导师的丰富经验和专业知识，也为参训者提供了宝贵的学习资源和成长机会。

（二）现代技术手段融入培训

1. 网络教学平台的建设与利用

随着网络技术的迅猛发展，网络教学平台已成为教育培训领域的重要组成部分。通过精心构建的网络教学平台，参训者可以摆脱时间和空间的限制，随时随地访问丰富的学习资源，从而实现资源的最大化利用。平台提供的个性化学习路径设计，能够根据参训者的学习需求和进度，为其量身打造学习计划。此外，平台所具备的实时互动功能，如在线讨论、小组合作等，不仅能够增强学习的参与感和归属感，而且能够有效促进知识的深度理解和应用。因此，网络教学平台的建设与利用，对于提升培训效果、推动教育信息化进程具有深远的意义。

2. 多媒体教学资源的整合与应用

多媒体教学资源以其直观、生动的特点，在培训过程中发挥着越来越重要的作用，将文本、图片、音频、视频等多样化的媒体资源进行有机整合，能够极大地丰富培训内容的表现形式和传播渠道。这种整合方式不仅有助于参训者更加直观地理解抽象复杂的概念和知识，而且能根据其不同的学习风格和兴趣偏好，提供个性化的学习体验。同时，多媒体教学资源的应用还能够有效激发参训者的学习兴趣和动力，提升其对培训内容的关注度和投入度。

3. 虚拟现实技术在培训中的应用尝试

虚拟现实技术以其独特的沉浸式体验，为培训领域带来了革命性的变革。通过构建高度仿真的虚拟环境，参训者可以在模拟的情境中进行实践操作，从而有效提高其实战能力和应对复杂情境的能力。这种技术的应用尝试不仅显著增强了培训的趣味性和互动性，使得学习过程更加生动有趣，而且能大幅度降低实际操作的成本和风险。在虚拟环境中进行模拟操作，参训者可以反复练习直至熟练掌握相关技能，无须担心真实操作中的失误和后果。

（三）跨界合作与资源共享策略

1. 校际合作与交流机制的建立

在教育培训领域，校际合作与交流机制能够有效促进不同学校之间的资源共享和经验交流，从而推动教育质量的整体提升。通过定期举办研讨会、学术论坛等活动，各学校可以展示自身的教学特色与研究成果，进而拓宽彼此的视野，激发创新思维。同时，互派教师进行访学与交流，不仅能够让教师亲身体验不同的教学环境与教育理念，而且能够促使其在教学方法和策略上进行反思与改进。此类合作与交流不仅有助于提升教师的教学水平，提高创新能力，而且能为学校的长远发展注入新的活力。

2. 行业专家参与培训途径的探索

行业专家的参与为培训带来了宝贵的行业视角和实践经验，邀请这些专家参与培训过程，不仅能够为参训者提供前沿的行业知识和市场动态，而且能够通过他们的实际案例分享，提高参训者对理论知识的理解和应用能力。此外，与专家的互动交流还能激发参训者的创新思维，帮助其更好地将所学知识应用于实际工作中。该合作模式有效地搭建了教育与行业之间的桥梁，使得培训更加贴近实际需求，增强了培训的针对性和实效性。

3. 优质教育资源共享平台的搭建

搭建优质教育资源共享平台是实现教育资源高效利用的重要途径，通过这一平台，不同学校和教育机构可以上传并分享各自的优质课程资源、教学经验、教育研究成果。这种共享模式打破了地域和机构的限制，让更多的教育工作者和学生能够接触到丰富多样的教育资源。同时，平台还提供了便捷的搜索和下载功能，使得资源的获取变得更加简单快捷。这不仅有助于提升整体教育质量，推动教育创新与发展，而且能在一定程度上缓解教育资源分布不均的问题，促进教育的公平与普及。

四、个性化培训支持体系建设

（一）个性化需求分析体系

1. 需求评估机制

为了构建完善的个性化培训支持体系，首要任务是确立一套科学而全面的需求评估机制。这一机制的核心在于通过多种方法，如问卷调查、面对面深度访谈、实地观察等，深入且细致地了解每名参训者的独特学习需求、学习风格偏好、长远的职业发展规划。通过这些多元化的信息收集手段，培训者能够获取到更为准确、全面的数据，从而为接下来的个性化培训计划制订提供坚实的数据支撑。这样的需求评估机制不仅有助于增强培训内容的针对性和实效性，而且能够确保每名参训者都能在培训过程中得到最符合自身需求的指导和帮助。

2. 动态调整策略

在个性化培训支持体系中，动态调整策略同样占据着举足轻重的地位。该策略强调在培训过程中，根据参训者的实际表现及他们所提供的反馈，对培训计划进行灵活且及时的调整。这种调整不仅涉及培训内容的增减和难度的升降，而且包括教学方法的更换和学习进度的把控等。通过这种动态调整，培训者能够确保培训内容始终与参训者的实际需求保持高度一致，从而最大限度地提升培训效果。同时，这种策略还能够有效应对培训过程中可能出现的各种突发情况，确保整个培训过程的顺利进行。

（二）个性化资源配置

1. 定制化学习资源

在个性化培训支持体系中，定制化学习资源要求培训者根据参训者的具体学习需求和兴趣，量身打造专属的学习资源。这些资源可能包括但不限于定制化的课程、精心编写的教材及符合个人学习习惯的学习工具等。通过为每名参训者提供量身定制的学习资源，培训者能够确保学习内容的针对性和吸引力，从而有效增强参训者的学习积极性。定制化的做法不仅体现了对参训者个体差异的尊重和关注，而且是实现教育个性化和培训效果最大化的重要途径。

2. 灵活的学习路径

灵活的学习路径设计是个性化培训支持体系的另一重要组成部分，其强调培训者应为参训者提供多样化的学习路径选择，以适应不同个体的兴趣、能力和学习风格。这些学习路径可能包括不同难度级别的课程、理论与实践相结合的项目式学习，以及基于个人兴趣爱好的拓展学习等。通过允许参训者根据自身情况灵活选择学习路径，培训者能够充分激发其学习动力，促使其在学习过程中发挥最大潜能。同时，这种灵活的学习路径设计也有助于培养参训者的自主学习能力和创新精神，为其未来的职业发展奠定坚实的基础。

3. 智能化资源推荐系统

借助大数据和人工智能技术，可以开发一个高度智能化的资源推荐系统。该系统深入分析参训者的学习历史数据，识别他们的兴趣偏好和学业目标，从而精准地为他们推荐最适合的学习资源。该系统不仅考虑参训者已经掌握的知识和技能，而且预测他们可能感兴趣的新领域，确保每名参训者都能获得贴合自身需求的学习资源。这种智能化推荐方式使得每名参训者都能享受到量身定制的学习体验。通过这种方式，参训者的学习效果将得到显著提升，同时他们的学习满意度也会随之增加。

（三）个性化评估与反馈

1. 多维度评估体系

在个性化培训中，构建一个多维度的评估体系旨在从多个角度全面衡量参训者的学习成果，包括知识掌握程度、技能运用水平、学习态度等方面。

通过综合运用量化指标和质性评价方法，如测试、问卷调查、观察记录等，可以对参训者进行全面而深入的评估。这种多维度的评估不仅有助于更准确地反映参训者的实际学习情况，而且能为培训者提供科学的依据，以便针对个体的差异制订更为精准的个性化培训计划。同时，它也有助于参训者更全面地了解自己的学习状况，从而明确改进方向，提升学习效果。

2. 及时反馈机制

建立及时反馈机制是个性化培训中不可或缺的一环，该机制的核心在于定期向参训者提供关于其学习进度和评估结果的反馈。通过及时反馈，参训者能够清晰地了解自己在各个学习阶段的表现，包括已取得的进步和仍需改进之处。这种反馈不仅有助于参训者及时调整学习策略、优化学习方法，而且能增强其学习动力和自我效能感。同时，及时反馈也为培训者提供了宝贵的参考信息，使其能够根据参训者的实际情况灵活调整培训内容和教学方法，以确保培训的针对性和有效性。因此，及时反馈机制在促进个性化培训效果的提升方面发挥着重要作用。

3. 评估结果的深度解读

评估结束后，对评估结果的深度解读与分析不仅是对参训者学习成果的总结，而且是为他们未来学习发展指明方向的关键。通过深入挖掘评估数据中的丰富信息，能够全面而细致地了解参训者在知识掌握、技能运用、学习态度等各个方面的表现。在解读过程中，要善于发现参训者的优势和亮点，这些可能是他们在某一领域的深厚底蕴，或是某种独特的思维方式，甚至是对待学习的积极态度。同时，也要准确地指出他们在学习中存在的不足和短板，这些问题可能隐藏在知识点的掌握不够深入、技能操作的熟练度不够、学习方法的效率不高等方面。基于深度的解读和分析，可以为参训者量身定制后续的学习计划。针对他们的优势，可以设计更高层次的学习挑战，帮助他们进一步拓宽视野和提高能力；针对他们的不足，可以提供更具针对性的学习资源和辅导，助力他们补齐短板，实现全面的学习进步。

参考文献

［1］丁云华，范远波．教师培训助力教师专业发展的现实困境与破解之道［J］．嘉应学院学报，2024，42（2）：91-94.

［2］周元元．高校专任教师职业胜任力的评估模型与改进策略［J］．产业与科技论坛，2024，23（5）：281-284.

［3］刘亚蕾，景安磊．高校教师教学能力高质量培训体系构建探究［J］．北京教育（高教），2024（9）：31-34.

［4］徐小会，刘辉．智慧教学背景下高校教师教学能力培训体系构建［J］．辽宁工程技术大学学报（社会科学版），2024，26（3）：230-235.

［5］程永华，李文龙．高校教师专业发展路径研究［J］．时代人物，2024（7）：0129-0131.

［6］辛妤，唐亚军．高校教师教学能力发展实践策略探析［J］．吉林省教育学院学报，2024，40（5）：30-34.

［7］廖湘萍，高丽宇，元瑶，等．专业发展视域下物理教师继续教育培训模式探究［J］．教育教学论坛，2022（52）：19-22.

［8］奉美凤，余祖伟．乡村教师专业发展的价值取向分析：基于培训适切性视角［J］．广州广播电视大学学报，2022，22（6）：11-16+107.

［9］刘世玉，姜永玲，陈相洁，等．高校教师教学学术能力发展的路径探析［J］．山东高等教育，2024（1）：38-44+89-90.

［10］杨忠东，吴朝娅．高校教师专业发展内外动力耦合策略探析［J］．成都航空职业技术学院学报，2022，38（2）：8-11.

［11］陈俊维．产教融合背景下地方应用型高校教师专业发展过程对专业发展效果的影响实证研究［J］．运筹与模糊学，2024，14（2）：1137-1145.

［12］周洋．智慧教育视域下高校教师专业发展路径研究［J］．漯河职业技术学院学报，2021，20（6）：96-98.

［13］王建，詹恩．高校教师专业发展服务支撑体系存在的问题与对策研究［J］．教育观察，2021，10（41）：60-62+69.

［14］丁凯，陈霓．高校教师非学历培训胜任力提升路径研究［J］．高等继续教育学报，2021，34（5）：12-17.

［15］王静涛．高校教师专业发展的校本培训研究——以G大学为例［J］．太原城市职业技术学院学报，2021（12）：86-88.

［16］王大新．基于教师专业发展的项目式教师培训模式建构与实践［J］．教师教育论坛，2021，34（12）：76-78.

［17］张小俊，黄谦，马素静．地方普通高校教师专业发展培训实证探索与研究［J］．教育教学论坛，2021（49）：115-118.

［18］彭庚．专业发展视角下教师培训课程标准实施现状及优化策略［J］．福建教育学院学报，2021，22（11）：17-20.

［19］朱媛媛，黄海涛．高校教师专业发展的校本培训体系构建与实践［J］．继续教育研究，2023（9）：41-45.

［20］蒋成，朱晶，吴淑珍，等．高校教师教学能力培养和培训模式的研究与实践［J］．继续教育研究，2023（9）：46-50.

［21］申建民，雷艳伟．深度融合，创新培训，促进教师专业发展［J］．河南教育（教师教育），2021（9）：35-36.

［22］马文静．智慧学习环境下高校思政课教师胜任力提升对策研究［J］．吉林广播电视大学学报，2022（1）：1-3.

［23］何敦培，鄢雨晴．基于教师专业发展的乡村教师培训内容优化策略［J］．中国成人教育，2021（12）：66-68.

［24］简子婷．信息化背景下高校教师专业发展前景展望——基于中韩高校教师专业发展的现状对比［J］．中国新通信，2023，25（24）：167-169.

［25］张颖．基于组织支持理论的高校教师专业发展服务支持体系构建［J］．苏州科技大学学报（社会科学版），2022，39（6）：101-106.

［26］柳国梁，刘清昆．教师专业发展分层分类培训课程设计研究

［J］．高等继续教育学报，2021，34（2）：55-59．

［27］陈建珍，穆麒麟．地方高校实验教师队伍分类模块化管理研究［J］．实验科学与技术，2022，20（4）：127-130．

［28］王文．教师专业发展的本质、路径及其对教师培训的启示——基于自主生长式教师专业发展理论［J］．鄂州大学学报，2021，28（1）：68-69+72．

［29］丁文雅．高校教师教育培训工作探索与实践［J］．科教导刊，2024（7）：67-69．

［30］邵木才，蒋银虎．高校教师培训管理系统的设计与实现［J］．电脑知识与技术，2024，20（4）：63-65+69．